Los santos del *Misal Romano*

Conferencia de Obispos Católicos de los Estados Unidos

Primera impresión, diciembre de 2018

ISBN 978-1-60137-908-5

INTRODUCCIÓN

Las vidas y testimonios de los santos son un gran tesoro de la Iglesia, al transcender los límites de su propio tiempo, localidad, estado de vida, o familia religiosa. Los dones y carismas que otorga el Espíritu Santo a las personas, y su respuesta a tales gracias, son bienes y estímulos para la vida y la vitalidad de toda la comunión de los santos. En toda época y lugar ha habido santos que fueron Papas, obispos y padres de la Iglesia así como padres de familia; nobles, reyes y profesionales, así como campesinos y trabajadores; mujeres consagradas, reinas y madres de familia; nacidos en familias cristianas, así como dedicados a Dios desde la niñez o conversos después de vidas disipadas; personas libres, así como esclavos liberados; personas que encontraron la muerte por martirio cruento así como quienes murieron víctimas de la enfermedad; niños que desde su infancia tuvieron la luz de cuál sería su camino y ancianos venerables fallecidos después de una larguísima vida de servicio; personas de toda raza, lengua y cultura. Todos ellos, desde la enorme diversidad de las llamadas de Dios a pueblos y a individuos, presentan un precioso tejido de lo que constituye la vida cristiana en la práctica activa y viva del depósito de la doctrina católica.

El Propio de los santos del *Misal Romano, tercera edición*, publicado en México, incluye una pequeña nota biográfica en cada una de las celebraciones. Sin embargo, el *Misal Romano* en español para los Estados Unidos no tiene tales notas. Este libro cubre esa ausencia, introduciendo cada santo y celebración del calendario con una pequeña biografía que pone de relieve un aspecto importante del testimonio del santo.

Se ofrece, además, como ejemplo concreto y práctico, una referencia a un punto del *Catecismo de la Iglesia Católica*, enfatizando una virtud concreta que el santo modeló en su vida, una creencia básica o devoción de particular importancia para esta persona, o una clarificación doctrinal por la que muchos santos trabajaron con el fin de corregir errores y conducir al pueblo al bien. Esta encarnación concreta de aspectos del *Catecismo* en las vidas de los santos ayuda a una mayor familiaridad con este esencial documento de la Iglesia y abre a la escucha de las llamadas de Dios en la propia vida.

La intención de esta pequeña obra es ayudar, tanto al celebrante como a los fieles, a una mejor celebración litúrgica apoyada en los santos y celebraciones propuestas en el Calendario Romano, y animar a un más cercano seguimiento de Cristo según la inspiración, el ejemplo, y el aliento de éstos.

LOS SANTOS DEL CALENDARIO

ENERO

1 DE ENERO
Maternidad de Santa María, Madre de Dios
Solemnidad

Al centrarse en la Maternidad de María, esta fiesta, que desde la antigüedad se celebró en diversas fechas, conmemora el principio de nuestra salvación. Después del Concilio Vaticano II se fijó en el 1 de enero. El dogma de la Maternidad divina de María como verdadera Madre de Cristo, Dios y hombre, se declaró en el Concilio de Éfeso. El tema de la maternidad está asociado al amor misericordioso de Dios y a una "virginidad fructífera".

El *Catecismo* recoge la creencia de la Iglesia en que Cristo, concebido por obra del Espíritu Santo, es la segunda persona de la Santísima Trinidad y da a María el título de *Madre de Dios* (Theotokos) (cf. no. 495)*.

---

*   Cf. Concilio de Éfeso: DS, 251.

San Basilio (330–379) y san Gregorio Nacianceno, obispos y doctores de la Iglesia (329/30–389/90)

Memoria obligatoria

Basilio, nacido en Turquía, venía de una familia profundamente cristiana, con varios miembros santos. Tres de los hermanos—Basilio, Gregorio de Nisa y Pedro de Sebaste—fueron obispos. Su abuela Macrina, sus padres y su hermana mayor son santos canonizados. Basilio entró en la vida monástica y más tarde inició un monasterio cenobítico—de vida de oración, estudio, y trabajos manuales. Escribió dos Reglas: una era legislativa y la otra de exhortaciones espirituales. Fue ardiente defensor de los dogmas de la Trinidad y la Encarnación. Como obispo fue suave, prudente y caritativo. Gregorio también procedía de una familia de santos. Fue ordenado sacerdote por su propio padre, Gregorio Nacianceno el Mayor, y más tarde se resistió a ser nombrado obispo, pero al fin accedió. No le gustaban los trabajos administrativos, sino más bien la contemplación. Presidió el primer Concilio de Constantinopla, pero cuando se discutió la legitimidad de su traslado a Constantinopla, renunció al episcopado por el bien de la paz.

Estos dos santos y grandes amigos supieron combinar la vida contemplativa con la solicitud con los pobres. El *Catecismo* toma una cita de Gregorio Nacianceno que resume el pensamiento teológico de ambos: "Ante todo, guardadme este buen depósito, por el cual vivo y combato,

[…] quiero decir la profesión de fe en el Padre y el Hijo y el Espíritu Santo" (no. 256)*.

3 DE ENERO
Santísimo Nombre de Jesús
Memoria opcional

El Santo Nombre de Jesús ha sido celebrado litúrgicamente desde el siglo XVI, pero siempre había sido invocado desde los primeros tiempos del cristianismo. San Bernardino de Siena destaca como un gran promotor de la devoción, con sus profundas y bellísimas reflexiones.

El *Catecismo* recoge el significado más profundo de esta devoción diciendo: "Él es el Nombre divino, el único que trae la salvación y de ahora en adelante puede ser invocado por todos porque se ha unido a todos los hombres por la Encarnación" (no. 432)**.

4 DE ENERO
Santa Isabel Ana Seton, religiosa
(1774–1821)
Memoria obligatoria [USA]

Una de las personas con una más amplia gama de experiencias de vida, santa Isabel Ana Seton nació en Nueva York, en una familia episcopaliana acomodada. Isabel se distinguió desde muy pequeña por su gran preocupación por los pobres. En 1794

---

*   San Gregorio Nacianceno, *Orationes*, 40, 41: PG 36, 417.
**   Cf. Jn 3, 18; Hch 2:21; Rm 10:6-13.

se casó con William Seton, un rico comerciante, que, pocos años después, afectado por su rápida ruina, cayó enfermo. Para su convalecencia, se trasladaron a Italia, donde convivieron con una familia amiga profundamente católica. William murió, e Isabel regresó a Estados Unidos decidida a abrazar el catolicismo. Esta decisión le ganó la enemistad de familiares y amigos, pero Isabel no se detuvo. Con la herencia de la que disponía, fundó en Baltimore una escuela que se puede considerar la semilla del sistema educativo católico. Sus ayudantes y amigas se fueron integrando en una comunidad en torno a Isabel que ella constituyó como Hermanas de la Caridad. Entrenó a maestras y preparó libros y materiales para la enseñanza. También abrió orfanatos en Filadelfia y Nueva York. Es la primera santa nacida en Estados Unidos en ser canonizada.

Su enorme generosidad y entrega a Dios y a la misión de educación se refleja bien en lo que dice el *Catecismo*: "Los poseedores de bienes de uso y consumo deben usarlos con templanza, reservando la mejor parte al huésped, al enfermo, al pobre" (no. 2405). Esto es lo que hizo santa Isabel Ana, en escucha fiel a la voluntad de Dios para ella en cada momento.

5 DE ENERO
San Juan Nepomuceno Neumann, obispo (1811–1860)
Memoria obligatoria [USA]

El primer obispo de los Estados Unidos en ser canonizado, Juan Neumann había nacido en la actual República Checa, y desde muy joven quiso ser sacerdote, pero en el país había tal abundancia de sacerdotes, que le recomendaron trasladarse a los Estados Unidos. Fue ordenado sacerdote y algunos años más tarde se unió a los Redentoristas. Fue el primer redentorista en hacer su profesión religiosa en este país. Siempre tuvo una gran llamada a la educación y estableció escuelas parroquiales y parroquias para inmigrantes. Era, además, un gran lingüista, y dominaba cuatro idiomas. Escribió un catecismo en alemán y una historia de la Biblia.

Entregó toda su vida a los niños, y tuvo una especial compasión por los inmigrantes. Su ministerio episcopal queda bien reflejado en lo que afirma el *Catecismo*: "Cada uno de los obispos… participa en la solicitud por todas las iglesias…[…] se extenderá particularmente a los pobres, a los perseguidos por la fe y a los misioneros que trabajan por toda la tierra" (no. 886)*.

6 DE ENERO
San Andrés Bessette, religioso (1845–1937)
Memoria opcional [USA]

Andrés era canadiense y fue el fundador del Oratorio de San José en Montreal. Huérfano a muy temprana edad, trató de trabajar en diversos oficios, pero no tuvo éxito, dado que apenas sabía leer y escribir. Quiso ser Hermano de la Santa Cruz, pero fue rechazado por su bajo nivel de educación. Sin embargo, un obispo insistió en su admisión en la congregación y Andrés trabajó como portero durante 40 años. Pero ahí en su portería escuchaba a personas entre ocho y 10 horas diarias. La gente acudía a él buscando sanación y

---

* Cf. Concilio Vaticano II, *Christus Dominus*, 3; Cf. Gál 2:10.

consejos espirituales. Nunca buscó la fama ni la popularidad. Y, sin embargo, cuando murió, más de un millón de personas acudieron a presentar sus respetos.

Su devoción a san José y su compromiso con los pobres y afligidos fueron los instrumentos que Dios utilizó para evangelizar a miles de personas. Es ejemplo de la descripción que hace el *Catecismo* sobre la humildad: "La humildad es una disposición necesaria para recibir gratuitamente el don de la oración: el hombre es un mendigo de Dios" (no. 2559)*.

7 DE ENERO
San Raimundo de Peñafort, presbítero (1175/80–1275)
Memoria opcional

Nació y estudió en Barcelona, España, y luego se graduó y fue profesor de Derecho Canónico en Bologna. Era sacerdote diocesano, pero más tarde ingresó en la Orden de Santo Domingo, de la que llegó a ser Superior General. Renunció, sin embargo, dos años más tarde. En su larga vida, trabajó intensamente por la formación de los sacerdotes y la evangelización de judíos y musulmanes. Animaba a los misioneros a aprender árabe y a estudiar el Corán con el fin de poder dialogar con los musulmanes. Enseñó y escribió un tratado de Derecho Canónico con un enfoque pastoral. Animó a santo Tomás de Aquino a escribir la *Summa contra Gentiles* y, a petición de san Pedro Nolasco, escribió la Regla para los Mercedarios, religiosos que se ofrecían en intercambio por esclavos.

---

*   Cf. San Agustín, *Sermones*, 56, 6, 9; PL 38; 381.

Trabajó incansablemente por la reconciliación y fue un suave y atento director espiritual. Es recordado también como gran canonista y patrón de los abogados canónicos, que, a través de su trabajo, dirigen a los fieles a la persona de Cristo, culmen de la Ley, de la que dice el *Catecismo*: "La ley moral tiene en Cristo su plenitud y su unidad [...] sólo Él enseña y da la justicia de Dios" (no. 1953).

13 DE ENERO
San Hilario, obispo y doctor de la Iglesia (315–367)
Memoria opcional

Era un hombre casado y padre de una hija, y se convirtió al cristianismo después de leer las Escrituras. Cuando aún era laico, fue elegido obispo de Poitiers, en Francia. Fue intérprete de los Salmos y del Evangelio de San Mateo. Luchó contra la herejía arriana, que el propio emperador apoyaba, y por tanto, fue enviado al exilio. Incluso sin el apoyo de los más cercanos a él, Hilario continuó firme en su fe. Escribió un tratado sobre la Trinidad y ayudó a san Martín de Tours a promover la vida monástica. También compuso himnos litúrgicos. Gobernó con prudencia y moderación.

Se distingue por su piedad y su mansedumbre frente a los conflictos y enfrentamientos. El *Catecismo* cita una bella reflexión de Hilario sobre el Bautismo: "Después del baño de agua, el Espíritu Santo desciende sobre nosotros desde lo alto del cielo y que, adoptados por la Voz del Padre, llegamos a ser hijos de Dios" (no. 537)*.

---

* San Hilario de Poitiers, *In evangelium Matthaei*, 2: PL 9, 927.

17 DE ENERO
San Antonio, abad (251–356)
Memoria obligatoria

Leyó el pasaje del joven rico en el Evangelio y lo tomó como una vocación personal. Vendió todas sus posesiones y puso ese dinero al servicio de la educación de su hermana y otras jóvenes. Marchó al desierto, donde pasó muchos años de su larguísima vida, sometido a grandes tentaciones y con terribles visiones del demonio. Su modo de vida atrajo a muchos, y por eso es considerado padre de la vida monástica. Salió de su retiro temporalmente para combatir la herejía arriana. En otra ocasión, salió del desierto también por su deseo de ofrecer su vida en martirio, pero éste no se realizó. San Atanasio escribió su vida en un libro que ha sido inspiración para muchos cristianos a través de los tiempos.

La vida ascética que puso de relieve Antonio es así descrita en el *Catecismo*: "El que quiere permanecer fiel a las promesas de su Bautismo y resistir las tentaciones, debe poner los medios para ello" (no. 2340).

20 DE ENERO
Santos Fabián y Sebastián, mártires (†288)
Memoria opcional

El primer laico en ser elegido Papa, Fabián se distingue por su trabajo en la organización de la Iglesia por provincias eclesiásticas y las obras de las catacumbas. También nombró obispos para la evangelización de las Galias. Según una carta de san Cipriano, fue mártir en la persecución de Decio. Sebastián era soldado, capitán de la guardia de Maximino en Roma y, gracias a su posición, podía ayudar a los cristianos durante la persecución de Diocleciano. Pero, cuando se enfrentó al emperador, fue acribillado a flechas hasta que lo dieron por muerto. Una piadosa viuda cristiana, Irene, recogió su cuerpo y lo cuidó hasta que se sanó. Pero Sebastián de nuevo confrontó al emperador, recriminándole por la crueldad de la persecución, y lo apalearon hasta la muerte y abandonaron su cuerpo en una zanja.

Ambos se distinguen por su perseverancia en la fe, pasando por encima de obstáculos, traiciones y situaciones políticas y religiosas difíciles, así como por su firmeza en el testimonio. El *Catecismo* afirma que, para el cristiano, no debe haber ambigüedad alguna en su profesión de su fe (cf. no. 2471).

21 DE ENERO
Santa Inés, virgen y mártir (†304)
Memoria obligatoria

Fue una jovencísima mártir de la persecución de Diocleciano. Proponiéndola como modelo de castidad, defensa de su virginidad y testigo para la juventud, algunos padres de la Iglesia, como Ambrosio, Prudencio, Jerónimo y Agustín, escribieron sobre ella. Se dice que, ante las ofertas de salvar su vida si abandonaba su fe y se casaba con un joven romano, dijo: "Estoy desposada con aquel a quien sirven los ángeles". En su fiesta es tradicional en Roma que el Papa bendiga corderos en honor de su nombre, que en griego significa pureza y en latín cordero.

Inés es ejemplo de la entrega en virginidad a Cristo, de la que habla el *Catecismo* comentando que en todos los tiempos de la Iglesia ha habido hombres y mujeres que lo han dejado todo por seguir al Cordero "dondequiera que vaya"* (cf. CIC, no. 1618).

22 DE ENERO
Día de oración por la protección legal de la criatura en el vientre materno [USA]

La decisión judicial sobre Roe vs. Wade el 22 de enero de 1973, que abrogaba las leyes de restricción del aborto, asestó un duro golpe al derecho a la vida de los no nacidos y a la reverencia y el respeto por la vida humana en general. En las décadas siguientes, se han dado nuevas disposiciones que han perjudicado aún más esos derechos, incluyendo amenazas a la libertad de conciencia de trabajadores de hospitales y clínicas. El trabajo de defensa de la vida humana continúa en muchas instancias católicas y en las diócesis de los Estados Unidos se ha dedicado este día a la oración especial por la protección legal de la vida de los no nacidos.

Parte esencial y central de la doctrina social de la Iglesia es el respeto por la santidad y la dignidad de la vida humana, creada a imagen y semejanza de Dios. Cuando se pierde el respeto por ese santuario que es el vientre materno, todo aspecto de la vida humana pierde sentido.

---

* Ap 14:4.

23 DE ENERO
San Vicente, diácono y mártir (†304)
Memoria opcional

Fue uno de los primeros diáconos en Valencia, España y fue martirizado durante la persecución de Diocleciano. Según antiguos testimonios, sufrió terribles torturas, y murió junto con su obispo.

La fiesta nos invita a la perseverancia y la fortaleza para superar obstáculos. También nos llama a apreciar el servicio al que están llamados especialmente los diáconos, según explica el *Catecismo*: "Los diáconos participan de una manera especial en la misión y la gracia de Cristo... que se hizo diácono, es decir, servidor de todos" (no. 1570)*.

(EL MISMO DÍA)
Santa Mariana Cope, virgen (1838–1918)
Memoria opcional

Nacida en Alemania, como María Anna Bárbara Koop, su familia se trasladó a los Estados Unidos cuando ella sólo tenía un año. Vivían en el norte del estado de Nueva York y Mariana ingresó en las Hermanas de San Francisco de Syracuse. Trabajó como maestra y directora en varias escuelas. Elegida para el gobierno de la comunidad, estableció hospitales en varias ciudades. Estos hospitales estaban abiertos

---

*   Cf. Concilio Vaticano II, *Lumen Gentium* 41; *id*, *Apostolicam actuositatem*, 16. Cf. Mc 10:45; Lc 22:27; San Policarpo de Esmirna, *Epistula ad Philippenses*, 5, 2.

a toda persona, sin distinción de nacionalidad, religión o raza, y estuvieron entre los 60 primeros hospitales creados en los Estados Unidos. Su disponibilidad y compasión la llevaron a responder a la necesidad de atender un hospital de leprosos en Molokai, Hawaii, y allí trabajó durante treinta años. Cuidó de san Damián de Veuster cuando estaba ya muy enfermo y a punto de morir. Su enfoque de los cuidados de salud incluía programas de desarrollo para personas con discapacidades y atención mediante la dirección espiritual.

Mariana es modelo de la compasión a la que estamos llamados como cristianos y que describe el *Catecismo* hablando de Cristo: "Su amor [el de Cristo] de predilección para con los enfermos no ha cesado, a lo largo de los siglos, de suscitar la atención muy particular de los cristianos hacia todos los que sufren en su cuerpo y en su alma" (no. 1503).

24 DE ENERO
San Francisco de Sales, obispo y doctor de la Iglesia (1567–1622)
Memoria obligatoria

Era francés, pero estudió Derecho Canónico en Padua, Italia. Rehusó una posición política como senador y entró al servicio de la Iglesia. Ordenado sacerdote, se dedicó a la reevangelización de Chablais, que se había convertido al calvinismo casi totalmente. Francisco era buen predicador, y a veces ponía en riesgo su vida ante las autoridades que le percibían como una amenaza. Fue ordenado obispo auxiliar cuando tenía 32 años y luego obispo de Ginebra. Escribió un profundo tratado de apologética, el *Libro de las Controversias*, y libros espirituales, como la *Introducción a la vida devota*, y el *Tratado del amor de Dios*, que han tenido una gran influencia en la espiritualidad de los siglos posteriores. Con santa Juana Francisca de Chantal fundó la Congregación de Hermanas de la Visitación. Es doctor de la Iglesia y patrón de los comunicadores.

Se distinguió siempre por su mansedumbre y su optimismo. El *Catecismo* cita a Francisco sobre la caridad: "[La caridad] como reina de todas las virtudes, de todos los mandamientos, de todos los consejos y en suma de todas las leyes y de todas las acciones cristianas, da a todos y a todas rango, orden, tiempo y valor" (no. 1974)*.

25 DE ENERO
Conversión de san Pablo, Apóstol
Fiesta

El libro de los Hechos de los Apóstoles nos relata la conversión de Saulo, perseguidor de los cristianos, en el camino de Damasco. Del hecho de la conversión nos habla el *Catecismo*, citando al propio Pablo: "Donde abundó el pecado, sobreabundó la gracia"** (no. 1848).

La fiesta data del siglo VI, en Francia, cuando se dice que algunas reliquias de san Pablo fueron trasladadas allí, pero se empezó a celebrar en la Iglesia en el siglo XI, quizá en conexión con la fiesta de la Cátedra de Pedro que por entonces se celebraba en Francia el 18 de enero. Por eso, ya en el año 1908 se propuso la semana del 18 al 25 de enero como semana de oración por la unidad de los cristianos en

---

* San Francisco de Sales, *Tratado del amor de Dios*, 8. 6.
** Rom 5:20.

el hemisferio norte. En el sur, hay diversas fechas de celebración. La Comisión Conjunta de Fe y Doctrina del Consejo Mundial de Iglesias y la Iglesia Católica propone el tema y oraciones para cada año.

Pidámosle al Señor, por intercesión de Pablo, que tanto enseñó sobre la unidad del Cuerpo de Cristo, obtener de Dios la gracia de vivir en unidad y trabajar por la unidad.

26 DE ENERO
Santos Timoteo y Tito, obispos
Memoria obligatoria

Timoteo era un discípulo favorito de Pablo, nacido de padre griego y madre judía, ambos convertidos al cristianismo. Su madre, Eunice, y su abuela, Lois, fueron quienes le inculcaron la fe. Acompañó a Pablo en varios viajes y fue enviado a Macedonia, Tesalónica y Corintio en viajes de misión. Cuando Pablo estuvo encarcelado, fue Timoteo quien estuvo cerca para apoyarlo. Tito era de familia pagana y se convirtió al cristianismo. Acompañó a Bernabé en el Concilio de Jerusalén. Pablo expresa una gran confianza en él y le exhorta a predicar permanente y perseverantemente, con paciencia y doctrina sólida.

Timoteo y Tito fueron grandes ejemplos de convicción de la obligación de la Iglesia de ser misionera. Porque creyeron en que la salvación está en la verdad, y que el plan de Dios es la salvación de todos, afirmaron que todos los cristianos son, por naturaleza, misioneros (cf. CIC n. 851).

27 DE ENERO
Santa Ángela Merici, virgen (1474–1540)
Memoria opcional

Nacida en Italia de familia noble, muy joven entregó todas sus posesiones e ingresó en la Tercera Orden Franciscana. Atrajo a un grupo de mujeres piadosas laicas, de toda clase social, y en 1535 fundó la comunidad de Santa Úrsula, de mujeres consagradas a Dios. En un tiempo en que la mayoría de las monjas permanecían en comunidad en el monasterio, Ángela se adelantó a su tiempo con su visión de religiosas viviendo y trabajando en el mundo. Las ursulinas inauguraron toda una red de escuelas para jóvenes de toda clase social, que aún se mantienen, guardando el espíritu de una pedagogía de amor y libertad.

Una mujer visionaria, que abrió caminos, pero permaneció obediente a la regla de la Iglesia, Ángela nos invita a la escucha y apertura al Espíritu y a responder a las necesidades de nuestro alrededor.

28 DE ENERO
Santo Tomás de Aquino, presbítero y doctor de la Iglesia (1225–1274)
Memoria obligatoria

Nacido en Italia, era hijo del conde de Aquino, de Italia, y de madre alemana. Ingresó en la Orden de Predicadores cuando tenía 18 años, contra los deseos de su padre, que se opuso con todas sus fuerzas y llegó a raptarlo y encerrarlo en la torre del castillo durante 15 meses. Con ayuda de sus hermanas, Tomás escapó y marchó a París y más tarde a Colonia, donde estudió bajo san Alberto Magno. Pronto empezó a enseñar en la universidad y, junto con san Buenaventura, defendió el derecho de los frailes a enseñar. Estuvo en Roma al servicio del Papa Urbano V. Escribió *Catena Aurea*, para ayudar al clero a comprender la palabra, y *Summa contra Gentiles* a petición de san Raimundo Peñafort, así como el Oficio para la fiesta del Corpus. Mientras enseñaba en la Universidad de París, escribió la *Summa theologiae*, que ha influenciado el pensamiento teológico de muchos siglos posteriores. Es doctor de la Iglesia y patrón de las escuelas católicas.

El brillantísimo Tomás se distingue, sin embargo, por su profunda sencillez y humildad. El *Catecismo* lo cita innumerables veces, pero una de las citas más inspiradoras se da en su reflexión sobre el Padrenuestro: "La oración dominical es la más perfecta de las oraciones… en ella, no sólo pedimos todo lo que podemos desear con rectitud, sino además según el orden en que conviene desearlo" (no. 2763)[*].

31 DE ENERO
San Juan Bosco, presbítero (1815–1888)
Memoria obligatoria

Nació en Turín, Italia. Su padre murió cuando él sólo tenía dos años y fue su madre quien se preocupó de darle una buena educación académica y cristiana. Para ayudar a su

---

[*]   Santo Tomás de Aquino, *Summa theologiae*, II-II, 83, 9.

madre con la economía familiar, desempeñó diversos oficios, que en el futuro le serían muy útiles. A los 20 años, entró en el seminario. En aquellos tiempos, la ciudad de Turín sufría graves problemas a causa de la revolución industrial, y muchos jóvenes estaban sin trabajo y desorientados en la vida. Bosco formuló un sistema de educación basado en la razón, la religión y la bondad. Creó talleres de oficios, clases de artes y ciencias para jóvenes trabajadores, y escuelas de artes liberales para quienes estuvieran considerando la vocación al sacerdocio. En 1868 ya había 800 alumnos en su sistema. Fundó la Sociedad de San Francisco de Sales (Salesianos). Con la ayuda de María Mazzarello, fundó el Instituto de Hijas de María Auxiliadora. Escribió folletos catequéticos distribuidos por toda Italia.

Fundaba todo su sistema de enseñanza en la paternidad de Dios y en su bondad, con lo que él llamaba una pedagogía preventiva por la que los jóvenes sabían, en primer lugar, que eran amados. El *Catecismo* habla precisamente de esa paternidad amorosa de Dios: "Dios es origen primero de todo y autoridad transcendente, y es al mismo tiempo bondad y solicitud amorosa para todos sus hijos… Nadie es padre como lo es Dios" (no. 239).

FEBRERO

Presentación del Señor
Fiesta

Esta fiesta, que tiene su origen en Oriente, se introdujo en la liturgia de Occidente en el siglo VII. En un principio, se celebraba como Purificación de María más que como Presentación del Señor. El Concilio Vaticano II la restauró a su origen cristológico. Siguiendo las normas de la ley y la cultura judía, los padres de Jesús acudieron al templo a presentarlo a Dios como primogénito. La fiesta tiene muchos y profundos significados. Es celebración de la luz de la salvación que viene con Cristo y, por tanto, la tradición litúrgica la ha observado bendiciendo las velas que se han de usar durante el año. La luz del mundo entra al templo en brazos de su madre, la "Candelaria". Para muchos países hispanos, esta fiesta se ha convertido en una advocación de la Virgen, patrona de diversos lugares. La religiosidad popular también observa este día como el de la "levantada" del Niño, del Nacimiento donde había estado el tiempo de Navidad y, por lo tanto, como el fin de la Navidad. Es, además, una pequeña "epifanía" ya que la salvación se les hace presente a Simeón y a Ana en el templo, y lo proclaman así.

3 DE FEBRERO
San Blas, obispo y mártir (†316)
Memoria opcional

Existen varias leyendas sobre este santo obispo a quien la tradición nombró como patrono de diversas enfermedades. Fue mártir durante la persecución de Licinio y cuentan que, incluso en prisión, a él acudían los animales a ser curados. Pero no sólo los animales; parece ser que un niño se estaba ahogando con una espina de pescado y la mamá acudió al obispo. Blas lo sanó y de ahí el que se pida su intercesión especial para las afecciones de garganta. En este día existe la costumbre de bendecir las gargantas con dos velas cruzadas.

Más allá de los milagros, san Blas nos enseña la compasión de Dios hacia quienes sufren enfermedades del cuerpo o del alma. El *Catecismo* dice: "Los milagros… no pretenden satisfacer la curiosidad ni los deseos mágicos… Jesús vino para liberar a los hombres de la esclavitud más grave, la del pecado" (nn. 548, 549).

(EL MISMO DÍA)
San Óscar, obispo (801–865)
Memoria opcional

Fue un benedictino francés, maestro de la escuela monástica. Harold, un rey danés, se convirtió al cristianismo, y pidió misioneros para su país. Óscar partió hacia allá a predicar el Evangelio, y de ahí pasó a Suecia. En 831 fue nombrado obispo de Hamburgo y nuncio para Escandinavia y el norte de Alemania. Diversas invasiones de otros pueblos sometieron a Dinamarca y a Suecia, y el pueblo recayó en la idolatría. A pesar de las dificultades, decidido a devolver la fe a los países escandinavos, Óscar regresó y logró la conversión del rey Olaf de Suecia, fortaleciendo así de nuevo la semilla del Evangelio.

Óscar es modelo de disponibilidad para acudir allí donde sea grande la necesidad de evangelización, sin pensar en su propia conveniencia. También es modelo de perseverancia y de búsqueda de la verdad a pesar de todos los contratiempos que puedan sobrevenir. Como expresa el *Catecismo*: "La Iglesia, a quien esta verdad ha sido confiada, debe ir al encuentro de los que la buscan para ofrecérsela" (no. 851).

5 DE FEBRERO
Santa Águeda, virgen y mártir (†250)
Memoria obligatoria

En griego, la palabra *águeda* significa "buena". Y esta buena mujer cristiana es uno de los muchos modelos de los mártires de la Iglesia de los primeros siglos. Sufrió horribles torturas. Le cortaron los pechos, pero esa noche, según cuentan antiguos relatos llamados las *Actas de los Mártires*, san Pedro se le apareció para consolarla y la curó. Luego la hicieron rodar por encima de carbones encendidos. Sus últimas palabras fueron: "Recibe mi alma."

Santa Águeda es modelo de castidad y firmeza en medio de horribles torturas y tentaciones. El *Catecismo* habla de esta virtud en relación con la amistad con Cristo: "La virtud de la castidad se desarrolla en la amistad. Indica al discípulo cómo seguir e imitar al que nos eligió como sus amigos, a quien se dio totalmente a nosotros y nos hace participar de su condición divina" (no. 2347).

6 DE FEBRERO
Pablo Miki y compañeros, mártires (1564/6–1597)
Memoria obligatoria

Se nombra a Pablo, pero es un grupo de 26 mártires de distintos países que murieron en Japón en 1597. Seis eran franciscanos, tres catequistas jesuitas, y 17 laicos japoneses. Entre ellos estaba también el mexicano Felipe de Jesús. Los cristianos en Japón representaban una amenaza para el gobierno, que no podía compaginar el cristianismo con la cultura tradicional japonesa. Después de hacerlos caminar 600 millas, para que todo el país pudiera ver su sufrimiento y se disuadiera de seguir a Cristo, los crucificaron. Pero en el camino, ellos, alegres, iban cantando el *Te Deum*. Pablo Miki era seminarista, hijo de un importante militar japonés, cuya familia se había convertido al cristianismo. Pablo se distingue de entre todos por su don extraordinario de predicación. Incluso desde la cruz seguía predicando el cristianismo.

En su predicación, Miki afirmaba una y otra vez la gran verdad de que sólo en Cristo se encuentra la salvación. Como afirma el *Catecismo*: "El camino de Cristo lleva a la vida, un camino contrario lleva a la perdición" (no. 1696).

San Jerónimo Emiliani (1486–1537)
Memoria opcional

Jerónimo era un noble veneciano que entró en el servicio militar y en su juventud llevó una vida bastante disipada. Pero de sus lujos, comodidades y vicios pasó a una vida de total dedicación al cuidado de enfermos, huérfanos y mujeres arrepentidas de su vida pasada. El motivo de la conversión de Jerónimo fue la intercesión de la Virgen que lo libró de la cárcel después de una batalla. Hizo entonces un voto de dedicarse al servicio de María, entregándose al cuidado de enfermos. En la epidemia de 1529 se contagió, pero se curó y empezó a recoger huérfanos en su propia casa. Fundó entonces la Compañía de Siervos de los Pobres. En la siguiente epidemia en 1537 se contagió de nuevo y murió.

Jerónimo nos da ejemplo de entrega de la propia vida y de decisión en el seguimiento de Cristo después de su conversión. Como bien expresa el *Catecismo*: "La conversión se realiza en la vida cotidiana… Tomar la cruz cada día y seguir a Jesús es el camino más seguro de la penitencia" (no. 1435).

(EL MISMO DÍA)
Santa Josefina Bakhita, virgen (1869–1947)
Memoria opcional

Bakhita quiere decir afortunada, pero el principio de su vida parecía ser todo menos afortunada. Nacida en Sudán,

Josefina fue vendida como esclava hasta cinco veces, y maltratada tan horriblemente que había olvidado su verdadero nombre, y sintió que moriría. Por último, fue comprada por un cónsul italiano, que la trató bien y, por primera vez en su vida, conoció lo que era el cariño y la dignidad. Cuando el cónsul fue repatriado a Italia junto con un amigo, ella quiso seguir con su amo, pero le pidieron que fuera con la familia del amigo. Se trasladó a Italia y pudo asistir a la escuela. Se convirtió al cristianismo y recibió los sacramentos de iniciación en el mismo día, tomando el nombre cristiano de Josefina Margarita Afortunada. Entró después en el Instituto de Hermanas de la Caridad, en Venecia, más conocidas como Hermanas de Canossa. Cuando la familia decidió regresar a África, Josefina insistió en quedarse en el convento y, al ser ilegal la esclavitud en Italia, le concedieron la libertad. Entonces ingresó en la vida religiosa. Entró en el Instituto de Catecúmenos de Venecia, donde conoció a Cristo y experimentó la llamada a la vida religiosa. Entró en el Instituto de santa Magdalena de Canossa.

El *Catecismo* dice: "Esclavizar seres humanos... es un pecado contra la dignidad de las personas" (no. 2414). Josefina pudo recuperar el reconocimiento de su dignidad que se le había negado. Se la recuerda por su humildad, su sencillez y su sonrisa, a pesar de sufrir enfermedades y dolores.

10 DE FEBRERO
Santa Escolástica, virgen (480–547)
Memoria obligatoria

Era hermana melliza de san Benito. Desde muy temprana edad se consagró a Dios, pero se quedó en casa de sus padres mientras que Benito recibía una educación en Roma. Más tarde, Escolástica ingresó en un monasterio, y llegó a fundar el primero de religiosas que seguían la misma regla que los benedictinos de su hermano. Se cuenta que los dos hermanos se veían solamente una vez al año y pasaban el día hablando sobre Dios. En la última ocasión, Escolástica le pidió a Benito que se quedara a pasar la noche y, cuando éste se negó, ella empezó a orar y entonces se desató una enorme tempestad que impidió que Benito partiera. A los pocos días murió Escolástica, y unos cuantos días después el propio Benito.

Se distinguía por la pureza e intensidad de su amor a Cristo, y por la alegría en el seguimiento. Escolástica comprendió bien el poder de la oración que, como dice el *Catecismo*: "Cuando se participa en el amor salvador de Dios, se comprende que toda necesidad pueda convertirse en objeto de petición" (no. 2633).

11 DE FEBRERO
Bienaventurada Virgen María de Lourdes
Memoria opcional

La devoción a Nuestra Señora de Lourdes se inicia en 1858, cuando la Virgen se apareció repetidas veces a Bernadette Soubirous y se identificó como la Inmaculada Concepción. Considerando que Bernadette no tenía la suficiente educación como para conocer la existencia del dogma de la Inmaculada (proclamado en 1854) y para saber utilizar esas palabras por sí misma, la Iglesia ratificó que, verdaderamente, la Virgen se había aparecido en Lourdes. Lourdes ha sido, desde entonces, lugar de peregrinaciones e innumerables curaciones con el agua del manantial que brotó milagrosamente en la gruta de Massabielle.

El 11 de febrero es el Día de los Enfermos. Es difícil ver el sentido de la enfermedad y el dolor, y por eso el *Catecismo* habla extensamente sobre estos temas. En su reflexión, considera el sentido de la enfermedad que "se convierte en camino de conversión y el perdón de Dios que inaugura la curación" (no. 1502).

14 DE FEBRERO
Santos Cirilo, monje (827–869) y Metodio, obispo (815–885)
Memoria obligatoria

Estos dos hermanos griegos son co-patrones de Europa, ya que fueron evangelizadores de Moravia, Bohemia y Bulgaria. En 862, Rostislav, príncipe de Moravia, pidió misioneros que pudieran hablar el lenguaje de su país y los dos hermanos asumieron gustosos la tarea. Para mejor comunicar la palabra y la doctrina, crearon un alfabeto (cirílico) para traducir la liturgia al idioma eslavo. Sus esfuerzos de inculturación fueron muy criticados por algunos clérigos de rito latino, pero el Papa Adrián II los recibió con afecto y animó sus trabajos. Metodio fue ordenado obispo, pero tuvo dificultades con algunos obispos alemanes de rito latino, que consideraban que tal inculturación no era necesaria. Pasó los últimos años de su vida traduciendo la Biblia al eslavo.

El *Catecismo* comenta: "Es preciso que la diversidad no perjudique a la unidad… debe expresarse en fidelidad a la fe común" (no. 1206). Equilibrar diversidad y unidad puede ser difícil y de hecho a menudo causa conflictos, pero Cirilo y Metodio nos han dejado el mensaje de trabajar por la unidad de la Iglesia; una unidad que no implica rigidez, sino unidad de espíritu y adaptación a las culturas y a las necesidades de los pueblos.

17 DE FEBRERO
Los siete santos Fundadores de la Orden de los Siervos de la Bienaventurada Virgen María (1245–1310)
Memoria opcional

Eran siete amigos de familias acomodadas de Florencia, Italia, laicos y miembros de la Confraternidad de la Bienaventurada Virgen María. Al ir profundizando más en su vida espiritual, pensaron que su vocación era separarse del mundo y, con permiso de su obispo, se trasladaron a otro lugar para comenzar a vivir como ermitaños. Pero pronto tuvieron tantos visitantes, que marcharon a otro lugar, negándose a recibir visitas. Su vida era tan austera y penitente, que, alarmado, el obispo de Florencia les recomendó evitar los extremos y abrir su comunidad a otras personas. En obediencia al obispo, adoptaron la Regla de San Agustín, y admitieron a otros hombres a la comunidad, siempre poniendo énfasis en la pobreza. Seis de ellos fueron ordenados sacerdotes.

Hoy día su comunidad se distingue por el amor a María y el sentido de familia, que incluye tanto a la familia espiritual como a la de sangre. Estos siete hombres y la obra que dejaron en herencia son un ejemplo de la devoción que siempre ha existido en la Iglesia por la Madre de Dios, María; una devoción que ha conducido a muchos, a través de los siglos, por el camino de la santidad y de la intimidad con Cristo.

San Pedro Damián, obispo y doctor de la Iglesia (1007–1072)
Memoria opcional

Pedro Damián tenía una mente muy brillante y a los 21 años ya era profesor. Siete años más tarde, se retiró a vivir en penitencia, asociado a la Orden Camaldulense, cuya Regla escribió a petición del fundador, san Romualdo. Era ermitaño, pero fue elegido prior de la Orden. Siguiendo la solicitud del emperador Enrique III y el Papa Esteban IX, salió de su retiro y fue nombrado obispo de Ostia y cardenal. Pero renunció después de que fracasó en su esfuerzo de reconciliación entre el papado y el imperio, cuando Enrique IV intentó divorciarse. Sirvió como delegado papal en Francia, Alemania y diversos lugares de Italia. Trabajó incansablemente contra la práctica de vender y comprar bienes religiosos, como indulgencias, negocios con reliquias, y simonía, así como contra la inmoralidad entre el clero.

Dice el *Catecismo*: "La paz terrenal es imagen y fruto de la paz de Cristo, el Príncipe de la paz mesiánica" (no. 2305). Pedro Damián sufrió hostilidades incluso por parte del clero, pero supo mantener su propia paz y perseveró en su trabajo de pacificador y reformador con paciencia y constancia.

22 DE FEBRERO
Cátedra de San Pedro, Apóstol
Fiesta

Lo que se celebra aquí es la primacía de Pedro como roca de la comunidad y punto de referencia de la fe apostólica. Se centra en la cátedra, es decir, el símbolo de la silla desde donde se enseña y se preside. La liturgia une a Pedro, unidad visible de la Iglesia, con los efectos del sacrificio eucarístico. En la antigüedad había varias fiestas, pero más tarde se estableció la fecha de febrero como el momento de esta celebración en toda la Iglesia.

Del *Catecismo*: "Este oficio pastoral de Pedro y de los demás apóstoles pertenece a los cimientos de la Iglesia. Se continúa por los obispos bajo el primado del Papa" (no. 881).

23 DE FEBRERO
San Policarpo, obispo y mártir (75/82–155)
Memoria obligatoria

Discípulo de san Juan, a quien se refería constantemente en sus escritos, Policarpo fue uno de los primeros santos de la primera Iglesia y fue maestro de san Ireneo. Era obispo de Esmirna, y san Ignacio de Antioquía le encomendó la Iglesia de Antioquía. Se conservan varios escritos de él y en especial una magnífica carta a los filipenses, que cita el *Catecismo*. Se sabe que fue a discutir con el Papa Aniceto sobre la fecha de la Pascua, pero no parece que llegaron a un acuerdo. Fue martirizado en la hoguera, contándose entre uno de los primeros mártires de la primera comunidad cristiana.

Del *Catecismo*: "Nosotros adoramos a Cristo porque es el Hijo de Dios; en cuanto a los mártires, los amamos como discípulos e imitadores del Señor" (no. 957).

MARZO

Santa Catalina Drexel, virgen
(1858–1955)
Memoria opcional [USA]

Hija de un banquero acomodado de Filadelfia, Catalina tuvo una educación esmerada. Su familia, devotamente católica, era muy generosa con la Iglesia y, después del Segundo Concilio Plenario de Baltimore, se le pidió que contribuyera a las misiones que servían a americanos nativos y afroamericanos en los Estados Unidos. Algo más tarde, Catalina tuvo la oportunidad de tener una audiencia con el Papa León XIII, a quien quería solicitar que enviara misioneros a los Estados Unidos. En cambio, León XIII la invitó a que ella misma se ofreciese como misionera. ¡No podía negarse a una petición del Papa! Catalina entró en el noviciado de las Hermanas de la Misericordia en Pittsburgh, y en 1891 fundó su propia Congregación de Hermanas del Santísimo Sacramento. Invirtió su herencia en crear fundaciones y escuelas para la atención de quienes por entonces estaban más marginalizados, como los americanos nativos y afroamericanos.

Trabajó incansablemente por la justicia, con claridad de visión, decisión y obediencia a la voluntad de Dios. Practicó lo que nos dice el *Catecismo* sobre el discernimiento y la responsabilidad social: "La vocación del hombre a la vida eterna no suprime, sino que refuerza su deber de poner en práctica las energías y los medios recibidos del Creador para servir en este mundo a la justicia y a la paz" (no. 2820).

4 DE MARZO
San Casimiro (1458–1484)
Memoria opcional

Ni el poder ni sus títulos parecían significar mucho para este santo príncipe polaco que entregó toda su vida, en virginidad, a Dios. Recibió su educación religiosa de su madre, Isabel de Austria. Fue elegido rey de Hungría cuando sólo tenía 13 años, frente a un poderoso rival. Para evitar conflictos, Casimiro renunció al trono y fue regente de Polonia mientras su padre permanecía en Lituania. Rigió con prudencia y virtud y se negó a contraer matrimonio ya que había consagrado su vida a Dios. Murió joven de tuberculosis.

Su vida nos muestra que el verdadero poder es servicio, en mansedumbre y humildad. Fue modelo de lo que dice el *Catecismo* sobre la autoridad: "Los que ejercen una autoridad deben ejercerla como un servicio" (no. 2235).

7 DE MARZO
Santas Perpetua y Felicidad, mártires (†202/3)
Memoria obligatoria

El relato de la muerte de estas dos santas, en la persecución de Septimio Severo, fue escrito probablemente por Tertuliano. Perpetua era hija de un noble romano pagano, y Felicidad era su esclava. Pero, por encima de la clase social, eran amigas y compañeras en la fe. Según el relato, el padre de Perpetua le suplicó de rodillas que abandonara su fe por el bien de su bebé. Perpetua se resistió y entregó a su bebé a su hermano para que lo cuidara. Felicidad estaba en su octavo mes de embarazo y temía que, al morir, muriera también su bebé. Pero entró en parto prematuramente y entregó a su hijita a una mujer cristiana, para que la criara como suya. Cuenta el acta también que Perpetua había tenido una visión de cómo Saturus, su catequista, resistiría a todos los dolores del martirio y ascendería por una escala hasta la gloria, y desde ahí les decía que las esperaba a ella y a Felicidad. Eso le dio fuerza. Saturus murió con ellas.

Por encima de clases sociales y situación, Perpetua y Felicidad defendieron su fe y su amistad juntas y se acompañaron y animaron en la vida y en el momento de entregarla por su fe. Practicaron la virtud de la solidaridad, de la que nos dice el *Catecismo*: "La solidaridad es una virtud eminentemente cristiana. Es ejercicio de comunicación de los bienes espirituales aún más que comunicación de bienes materiales" (no. 1948).

8 DE MARZO
San Juan de Dios, religioso (1495–1550)
Memoria opcional

Aventurero portugués, marchó a luchar con el Imperio Austro-húngaro contra los turcos, y más tarde fue pastor en España y vendedor de artículos religiosos. Pero llevaba una vida muy disipada, hasta que escuchó un sermón de san Juan de Ávila y tuvo una conversión muy dramática.

Empezó a vagar por las calles como enloquecido; lo tuvieron por loco y lo encerraron en un manicomio. Nadie sabía su verdadero nombre; quizá ni él mismo lo recordara. Por intercesión de san Juan de Ávila, se pacificó y lo liberaron. Como había visto las condiciones de los enfermos mentales en los hospitales, Juan de Dios decidió fundar un hospital donde poder ofrecer un tratamiento más humano y compasivo. Más tarde se le unieron otros hombres y fundó la Congregación de Hermanos Hospitalarios (ahora conocidos como Hermanos de San Juan de Dios, con una red internacional de hospitales).

En medio de todas las necesidades y padecimientos que veía, Juan de Dios siempre confiaba en la Providencia. Creía en la fidelidad de Jesucristo y practicaba lo que nos dice el *Catecismo*: "Cristo nos invita al abandono filial en la providencia de nuestro Padre celestial" (no. 322).

9 DE MARZO
Santa Francisca de Roma, religiosa (1384–1440)
Memoria opcional

Francisca era una italiana de familia noble. Desposada a los 13 años, tuvo un matrimonio feliz, del que nacieron tres hijos. Como el matrimonio contaba con suficientes recursos, Francisca siempre se dedicó a hacer obras de caridad. Cuando hubo una invasión de Roma, su esposo, que era de la guarda papal, cayó herido y quedó incapacitado. Francisca se dedicó a sus cuidados y luego tuvo que pasar por el dolor de perder a sus dos hijos menores en la plaga. Fundó la

Congregación de Oblatas Olivetanas y, después de la muerte de su esposo tras 40 años de matrimonio, ella misma entró en la Congregación.

Francisca es ejemplo de una vida que necesariamente tuvo que ser muy activa, pero que siempre supo unir a la acción, la contemplación y una vida interior muy rica. Pero quizá sea más conocida por su cuidado de los pobres de Roma. El *Catecismo* dice: "Dios bendice a los que ayudan a los pobres y reprueba a los que se niegan a hacerlo" (no. 2443).

17 DE MARZO
San Patricio, obispo (385–461)
Memoria opcional

Tuvo una vida algo agitada y muy interesante. Nacido probablemente en Gales, siendo adolescente fue raptado por piratas y vendido como esclavo en Irlanda. Allí aprendió el idioma gaélico, fue pastor y encontró a Cristo y se convirtió al cristianismo. Escapó a Francia donde estudió bajo la tutela de san Germán y fue ordenado sacerdote. El Papa Celestino I había enviado un misionero a Irlanda, donde se tenían muchas costumbres paganas, pero este misionero murió pronto, y entonces el Papa envió a Patricio. Patricio fue incansable en sus esfuerzos de evangelización y supo aprovechar aspectos de la cultura irlandesa para imbuirlos del mensaje del Evangelio. Aunque existen muchas leyendas en torno a él y su capacidad de hacer milagros, lo importante es su mensaje evangelizador. La obra de Patricio dio muchos frutos. Para el final de su vida, toda Irlanda era cristiana. Logró que se reformaran leyes de acuerdo con los principios cristianos.

Se distingue por su ardiente amor a Cristo y su reflexión profunda sobre el misterio de la Santísima Trinidad. Una las oraciones atribuidas a él más conocidas da cuenta de su amor ardiente por la persona de Cristo: *Cristo conmigo, Cristo delante mí, Cristo detrás de mí, Cristo dentro de mí, Cristo debajo mí, Cristo sobre mí, Cristo a mi derecha, Cristo a mi izquierda, Cristo cuando me acuesto, Cristo cuando me siento, Cristo cuando me levanto, Cristo en la anchura, Cristo en la longitud, Cristo en la altura, Cristo en el corazón de todo hombre que piensa en mí, Cristo en la boca de todo hombre que hable de mí, Cristo en los ojos de todos los que me ven, Cristo en los oídos de todos los que me escuchan.*

18 DE MARZO
San Cirilo de Jerusalén, obispo y doctor de la Iglesia (313/315–386/387)
Memoria opcional

Nació en Jerusalén, de familia cristiana. Después de su ordenación sacerdotal, dedicó sus energías a la preparación de catecúmenos para su entrada en la Iglesia. Publicó sus lecciones catequéticas, 18 sermones que hablan de la penitencia, el pecado, el Bautismo y el Credo, y que habían sido tomadas al oído por un escriba. Fue nombrado obispo de Jerusalén y en cinco ocasiones fue exiliado de Jerusalén por conflictos con distintas tendencias en la Iglesia, hasta que al fin fue restablecido en su cargo. A su regreso, encontró una iglesia dividida, y luchó con todas sus fuerzas por la reconciliación y el regreso a la fe verdadera. Fue parte del Concilio Ecuménico de Constantinopla, donde se proclamó el Credo Niceno, afirmando la divinidad de Cristo. Es doctor de la Iglesia.

En medio de conflictos y de persecuciones por todos los lados, se podría esperar que Cirilo fuera un hombre enojado y amargado, y sin embargo, era un hombre pacífico y suave, al que no le gustaban las discusiones ni polémicas y siempre trataba de buscar la paz, pero siempre defendiendo las verdades de la fe. El *Catecismo* cita una de sus catequesis sobre el Credo: "Esta síntesis de la fe no ha sido hecha según las opiniones humanas, sino que de toda la Escritura ha sido recogido lo que hay en ella de más importancia, para dar en su integridad la única enseñanza de la fe" (no. 186)*.

19 DE MARZO
San José, Esposo de la Bienaventurada Virgen María
Solemnidad

El Evangelio no dice mucho de san José, pero sí lo nombra como un "hombre justo", que siempre seguía en obediencia la voz de Dios. El Evangelio tampoco recoge ninguna palabra atribuida a José. Era carpintero, trabajador y defensor y protector de su familia. La Iglesia lo honra como patrón de la Iglesia, de los sacerdotes, de los trabajadores y de una buena muerte.

En los pasajes evangélicos en que aparece se nos muestra como un hombre de amor desinteresado, generoso y sacrificado. Es ejemplo de la obediencia de la que nos habla el

---

* San Cirilo de Jerusalén, *Catecheses illuminandorum*, 5, 12: PG 33, 521-524.

Catecismo: "Obedecer ('ob-audire') en la fe es someterse libremente a la palabra escuchada, porque su verdad está garantizada por Dios, la Verdad misma" (no. 144).

23 DE MARZO
Santo Toribio de Mogrovejo, obispo (1538–1606)
Memoria opcional

Era un hombre brillante que estudió leyes en la Universidad de Salamanca, y pronto se convirtió en profesor. El rey Felipe II lo nombró juez supremo del Tribunal de la Inquisición. Aunque laico, Toribio fue nombrado obispo de Lima, Perú, una diócesis que abarcaba desde lo que es hoy Perú hasta la actual Argentina. Toribio recorrió varias veces su extensísima diócesis, en mula, caminando, y siempre con enorme sacrificio. Trató de reformar el clero, y algunos se resintieron, utilizando sus ausencias del palacio episcopal como crítica de abandono de sus ocupaciones, cuando en realidad era lo contrario. Cuando le argumentaban que las cosas siempre se habían hecho de otra manera, se cuenta que decía: "Pero Cristo dijo que era la Verdad, no la costumbre". Defendió a los indígenas incansablemente, y aprendió sus idiomas para comunicarse con su pueblo.

Se distingue por la claridad de doctrina, la suavidad en el diálogo, la prudencia y el amor por los más pobres. Como obispo de una extensísima diócesis, a Toribio se le confió una gran autoridad, que él trató de cumplir con todos sus talentos y fuerzas. Reflejó lo que dice el *Catecismo* hablando del ministerio episcopal: "El ejercicio de esta autoridad debe, por tanto, medirse según el modelo de Cristo, que por amor se hizo el último y el servidor de todos" (no. 1551).

ABRIL

2 DE ABRIL
San Francisco de Paula, ermitaño
(1436–1507)
Memoria opcional

Sus padres habían hecho un voto a san Francisco de Asís antes de su nacimiento, y Francisco de Paula entró en el monasterio franciscano cuando sólo tenía 13 años. Más tarde, sin embargo, se retiró a vivir como ermitaño y atrajo a otros hombres que buscaban la misma vida. Fundó la Orden de Ermitaños de san Francisco de Asís—llamados "mínimos". Tenían reglas muy estrictas que los obligaban a una vida muy austera. Francisco ganó fama de hacer milagros y de tener dones espirituales extraordinarios, y el Papa Sixto IV lo envió a la corte del rey Luis XI de Francia. A la muerte de éste, Francisco siguió en la corte como director espiritual de los reyes franceses y fundó numerosos monasterios.

Se caracteriza por su profunda contemplación de la Pasión y su sincera humildad. De la virtud de la humildad nos dice el *Catecismo*: "La humildad confiada nos devuelve a la luz de la comunión con el Padre y su Hijo Jesucristo y de los unos con los otros" (no. 2631).

4 DE ABRIL
San Isidoro, obispo y doctor de la Iglesia (556–636)
Memoria opcional

Venía de una familia de santos: sus hermanos Leandro y Fulgencio y su hermana Florentina son también santos canonizados. Isidoro sucedió a su hermano Leandro como obispo de Sevilla. Durante su episcopado logró convertir a la fe católica a muchos visigodos que se adherían al arrianismo. Fundó un instituto para la formación del clero y del laicado, anticipando así las grandes universidades. El Concilio de Toledo, en 633, hizo obligatorio el establecimiento de centros de ese tipo en las distintas diócesis. Fue, además, un gran estudiador y conocedor de la filosofía y del pensamiento humano. Completó la composición de los libros utilizados en la liturgia mozárabe, como el Misal y el Breviario, y es doctor de la Iglesia.

Muchas personas han reconocido a Isidoro como patrón de los usuarios de Internet, recordando todo su saber y su gran obra *Etimologías,* es decir, el estudio de las razones de las palabras y de las cosas, que representa una gran memoria colectiva del conocimiento.

5 DE ABRIL
San Vicente Ferrer, presbítero
(1350–1419)
Memoria opcional

Nacido en Valencia, España, ya desde niño Vicente sintió la llamada de Dios e ingresó en la Orden de Predicadores a los 15 años. Su gran anhelo era llevar el Evangelio a judíos, musulmanes y herejes de su tiempo. Trabajó muchos años con el cardenal Pedro de Luna, que luego sería elegido anti Papa Benedicto XIII, durante el cisma occidental. Vicente se opuso a él cuando comprobó que no tenía intención de poner fin al cisma. Más tarde, predicó por muchos lugares de Europa. Organizó a los penitentes que se dedicaban a orar en reparación por los pecados del mundo. Trató de finalizar la Guerra de los 100 Años entre Francia e Inglaterra, y luchó contra la degradación moral en la Iglesia y en la sociedad.

Pero su característica más central fue el deseo de la caridad sobre todas las cosas. Como dice el *Catecismo*: "Por la caridad amamos a Dios sobre todas las cosas y a nuestro prójimo como a nosotros mismos por amor de Dios. Es el 'vínculo de la perfección'* y la forma de todas las virtudes" (no. 1844).

---

*   Col 3:14.

7 DE ABRIL
San Juan Bautista de La Salle, presbítero (1657–1719)
Memoria obligatoria

Era un noble francés. Poco después de su ordenación, fue nombrado canónigo, pero pronto renunció a ese puesto para dedicarse a la educación de jóvenes pobres. Con amigos y compañeros que fueron siguiendo su ejemplo, fundó la Congregación de Hermanos de la Doctrina Cristiana, y para 1684, los primeros doce hombres hicieron sus votos. Pero desde un principio hubo conflictos y dificultades, ya que los métodos de enseñanza de Juan eran muy criticados por las clases más altas. Juan de La Salle concentraba su atención en los jóvenes más pobres, por lo que sus escuelas eran gratuitas y enseñaba en francés en lugar de en latín. También abrió algunas escuelas para jóvenes de la aristocracia, pero en 1714 renunció a sus puestos de enseñanza y se dedicó a la instrucción de novicios y a escribir libros de espiritualidad.

Tuvo que sufrir la hostilidad tanto de ajenos como de sus propios hermanos de religión. Llevó este sufrimiento con paciencia y mansedumbre, como dice el *Catecismo*: "Instruir, aconsejar, consolar, confortar, son obras espirituales de misericordia, como también lo son perdonar y sufrir con paciencia" (no. 2447).

11 DE ABRIL
San Estanislao, obispo y mártir
(1030–1079)
Memoria obligatoria

Nacido en Polonia, Estanislao había estudiado en París y después de su ordenación fue nombrado primer obispo de su ciudad natal, Cracovia, y ejerció su episcopado como buen pastor y con gran atención y sensibilidad hacia los pobres, a quienes nunca negaba ayuda. El rey Boleslao era un hombre valiente que había ganado muchas batallas y administrado bien su nación. Al principio, el rey y el obispo trabajaron en armonía, pero Boleslao empezó a dar pruebas de corrupción y de prácticas inmorales. Los escándalos se iban sucediendo, y Estanislao reprendía al rey, que de vez en cuando daba muestras de arrepentimiento. Pero cuando raptó a una mujer casada, Estanislao lo confrontó y lo excomulgó. Encolerizado, Boleslao ordenó a sus soldados que lo mataran. Por alguna razón, los soldados fracasaron tres veces en el intento. Entonces, el propio Boleslao mató a Estanislao cuando estaba celebrando Misa. Es el primer santo polaco.

La vida de Estanislao nos muestra la fuerza de la verdad. Él, que era un hombre pacífico y humilde, tuvo el valor de defender la verdad y el deber moral enfrentándose al poderío del rey. Luchó contra lo que el *Catecismo* afirma ser una injusticia: "El adulterio es una injusticia. El que lo comete falta a sus compromisos. Lesiona el signo de la Alianza que es el vínculo matrimonial. Quebranta el derecho del otro cónyuge" (no. 2381).

13 DE ABRIL
San Martín I, Papa y mártir (†655)
Memoria opcional

Nació en Italia, pero murió exiliado en Rusia. Después de servir como emisario papal, sirvió en Constantinopla y fue elegido Papa en 649. Como Papa, convocó un Sínodo en Letrán, donde se condenó la herejía que afirmaba que Cristo no tenía voluntad humana. Tal herejía aparecía asimismo en un documento del emperador Constancio II. Cuando el Sínodo lo condenó, Constancio montó en cólera y envió a emisarios a raptar a Martín y enviarlo a Constantinopla. En la cárcel enfermó gravemente, pero, así y todo, fue exiliado a Crimea. La orden era de ejecutarlo, pero por intercesión de Pablo, Patriarca de Constantinopla, la orden no se ejecutó. Aunque murió de enfermedad, la Iglesia venera a Martín I como mártir.

La vida de Martín, llena de sufrimiento, demuestra su enorme confianza en Dios que, en su misericordia, vendría en su auxilio y tomaría su humilde cuerpo, como se asegura que él mismo dijo poco tiempo antes de morir. Dice el *Catecismo*: "Él es todopoderoso, clemente, infinitamente inclinado a hacer el bien. ¿Quién podría no poner en él todas sus esperanzas?" (no. 2086)*.

---

*   *Catecismo Romano,* 3, 2, 4.

21 DE ABRIL
San Anselmo, obispo y doctor de la Iglesia (1033–1109)
Memoria opcional

Su padre, un noble italiano, se opuso a su vocación religiosa, por lo cual Anselmo escapó a Francia e ingresó en un monasterio benedictino. Nombrado abad, continuó con la predicación y fue reformador de la vida monástica y es considerado uno de los padres del monasticismo. Fue nombrado obispo de Canterbury y escribió muchas obras teológicas, pero entró en grave conflicto con el rey Guillermo II de Inglaterra a causa del tema de las investiduras laicas y de la negativa del rey a reconocer al Papa Urbano II. El rey lo exilió, pero, después de un breve tiempo en el exilio, pudo regresar a su sede episcopal.

Toda su vida fue una búsqueda de Dios desde el corazón. El *Catecismo* cita a Anselmo: "La fe trata de comprender"* y luego continúa: "un conocimiento más penetrante suscitará a su vez una fe mayor, cada vez más encendida de amor" (no. 158).

23 DE ABRIL
San Jorge, mártir (†303)
Memoria opcional

Fue educado por su madre en la fe cristiana. Se enroló en el ejército y llegó a ser parte de la guardia personal del

---

*   San Anselmo de Canterbury, *Proslogion, proem*: PL 153, 225ª.

emperador Diocleciano, pero dejó las armas y se enfrentó a él a causa del trato injusto y la persecución que se estaba haciendo a los cristianos. Entonces fue encarcelado y sufrió el martirio. Existen muchas leyendas sobre Jorge, de sus enfrentamientos con figuras mitológicas. Lo cierto y lo más importante, es que defendió su fe a riesgo de su propia vida. Es patrón de soldados y de diversos lugares de Europa.

Su defensa de la fe lo llevó al supremo sacrificio del que habla el *Catecismo*: "El único sacrificio perfecto es el que ofreció Cristo en la cruz en ofrenda total al amor del Padre y por nuestra salvación. Uniéndonos a su sacrificio, podemos hacer de nuestra vida un sacrificio para Dios" (no. 2100).

(EL MISMO DÍA)
Adalberto, obispo (956–1039)
Memoria opcional

De una familia noble de Bohemia, sentía fuertemente la llamada al trabajo misionero y a la reforma del clero. Fue el segundo obispo de Praga. Sufrió mucho a causa de los conflictos con los poderes políticos y fue exiliado dos veces. Toda su familia fue exterminada y el Papa Gregorio XII lo excusó de sus deberes como obispo. El duque de Polonia lo envió a evangelizar en Hungría y luego en el Báltico. Adalberto y su compañero de viaje fueron martirizados por sacerdotes paganos.

La vida de Adalberto habla poderosamente sobre la perseverancia que no cede ante ningún acontecimiento por muy doloroso o difícil que parezca. Demostró la fortaleza de la que habla el *Catecismo*: "La fortaleza es la virtud moral que asegura en las dificultades la firmeza y la constancia en la búsqueda del bien" (no. 1808).

San Fidel de Sigmaringa, presbítero y mártir (1578–1622)
Memoria opcional

Se llamaba Markus Rey y era de padre español y madre alemana. Obtuvo doctorados en leyes y filosofía y practicó el derecho, con la intención de defender a los más desfavorecidos. Luego entró en la Orden Capuchina y allí recibió el nombre de religión Fidel. Su oficio era predicar y servir a las tropas austríacas. Fue destinado a liderar un grupo de predicadores trabajando para la Congregación para la Propagación de la Fe para predicar a protestantes y especialmente a los calvinistas que se habían extendido mucho por Suiza y Alemania. Predicaba con elocuencia y fuerza, pero con suavidad, y ejercía un gran atractivo en quienes lo escuchaban. Fue víctima de una emboscada y martirizado.

Haciendo honor a su nombre, Fidel fue un hombre fiel, lleno de fe y defensor de la fe hasta el fin. Como afirma el *Catecismo*: "Desde siglos, a través de muchas lenguas, culturas, pueblos y naciones, la Iglesia no cesa de confesar su única fe" (no. 172).

25 DE ABRIL
San Marcos, Evangelista
Fiesta

Era discípulo de Pedro y autor del segundo Evangelio. Además de contar con su Evangelio, sabemos que acompañó a Pablo en misión a Chipre, después de ir desde Jerusalén a Antioquía con Pablo y Bernabé. Los escrituristas deducen que debió de haber alguna disputa con Pablo, porque repentinamente Marcos ya no acompañaba a Pablo. Pero también aseguran que más tarde debieron reconciliarse, según se desprende de posteriores comentarios de Pablo sobre Marcos, de quien dice que fue su consolador en prisión. Marcos también tiene relación con Pedro, que lo llama "su hijo".

Marcos fue uno de los primeros misioneros de la Iglesia, siguiendo el mandato de Cristo. El *Catecismo* habla de cómo Dios utiliza las capacidades de las personas para transmitir su mensaje diciendo que Dios ha inspirado a los autores humanos de los libros sagrados. Marcos utilizó sus talentos bajo la inspiración de la gracia de Dios y nos ha dejado uno de nuestros mayores tesoros en su Evangelio (Cf. no. 106).

28 DE ABRIL
San Pedro Chanel (1803–1841)
Memoria opcional

Pedro, nacido en Francia, pertenecía a la Congregación de los Hermanos Maristas. Fue enviado a misión en Polinesia, a la pequeña isla de Futuna. Empezó su trabajo de evangelización sin muchos resultados, pero cuando el hijo del rey se convirtió al cristianismo, el rey ordenó su muerte. Pocos días antes de su martirio aseguró que el cristianismo ya estaba implantado en la isla y que no moriría. Y tenía razón. Él no vio los frutos de sus esfuerzos, pero al poco tiempo de su muerte, todo el pueblo abrazó la fe católica.

La vida de Pedro nos anima al convencimiento de que el fruto de cualquier acción no se debe al propio esfuerzo, sino a la gracia de Dios que usa a las personas como sus instrumentos. San Pedro Chanel vivió profundamente lo que dice el *Catecismo* en relación a la gracia: "La caridad de Cristo es en nosotros la fuente de todos nuestros méritos ante Dios" (no. 2011).

San Luis María Grignion de Montfort (1673–1716)
Memoria opcional

Nacido de una familia pobre francesa, siempre se identificó con los más necesitados. Desde muy niño se distinguió por una fe viva, demostrada en el hecho de que identificaba su lugar y fecha de nacimiento por el lugar y fecha de su Bautismo. Al ordenarse sacerdote estuvo destinado como capellán en un hospital. Más tarde, se dedicó a predicar misiones parroquiales y vivía en gran austeridad. Predicaba con mucha pasión y ejercía un gran atractivo entre los más pobres. Esto suscitaba críticas y recelos por parte de otro segmento del clero. Perseveró en su misión, en la que animaba mucho al pueblo a recibir la Eucaristía diariamente, y a la imitación de la Santísima Virgen María. En 1715 fundó la Congregación de Misioneros de la Compañía de María, y sus muchos escritos sobre la devoción a la Santísima Virgen María han tenido mucha influencia en la espiritualidad de la Iglesia.

Su mensaje reflejaba muy bien lo que nos dice el Evangelio sobre la Eucaristía: "Lo que el alimento material produce en nuestra vida corporal, la comunión lo realiza de manera admirable en nuestra vida espiritual" (no. 1392).

29 DE ABRIL
Santa Catalina de Siena, virgen y doctora de la Iglesia (1347–1380)
Memoria obligatoria

La última hija de una familia italiana con 25 hijos, desde muy pequeña se sintió atraída a la vida de oración. Se resistió fuertemente a la insistencia de su madre de que contrajera matrimonio siendo aún adolescente. A los 15 años se unió a las Terciarias dominicas y siguió viviendo en el hogar familiar y haciendo desde ahí muchas obras de caridad. Pero también se sintió muy atraída a la acción por la justicia, en la sociedad y en la Iglesia: luchó por la reforma de la Iglesia y por el regreso del Papa de Avignon a Roma. El número de cartas que escribió al Papa, a obispos y a poderes políticos alcanza las 382. También escribió su famoso *Diálogo de la Divina Providencia*.

Hablando sobre el modo en que Dios nos creó a su imagen y semejanza, el *Catecismo* cita a Catalina en un pasaje de alabanza al Creador: "Por amor lo creaste, por amor le diste un ser capaz de gustar tu Bien eterno" (no. 356)*.

---

* Santa Catalina de Siena, *Dialoghi*, 4, 13.

30 DE ABRIL
San Pío V, Papa (1504–1572)
Memoria opcional

Era un fraile dominico, ordenado en Bologna, Italia, donde fue profesor y provincial de la Orden. Fue nombrado cardenal e inquisidor general para todo el mundo católico. Elegido Papa en 1566, fue uno de los más importantes líderes de la reforma de la Iglesia, particularmente en las áreas de la liturgia y la vida moral. Fue conocido como el Papa de la Contrarreforma por su enorme trabajo de reforma de la liturgia. Impulsó la revisión del Breviario y el Misal, autorizó la edición crítica de las obras de santo Tomás de Aquino y promulgó el *Catecismo Romano* y las enseñanzas del Concilio de Trento. Tenía una gran preocupación con la expansión del protestantismo, así como por la amenaza turca que se cernía sobre Europa. Pío V logró una alianza entre España y Venecia que culminó en la derrota turca en la batalla de Lepanto; para celebrar la victoria se instituyó la fiesta de Nuestra Señora de la Victoria, que más tarde se denominó Nuestra Señora del Rosario.

El *Catecismo* afirma el núcleo de la obra de los pastores de una manera que refleja bien el trabajo de Pío V: "Así se ha transmitido de generación en generación, bajo la dirección y vigilancia de los pastores, el 'depósito' de la moral cristiana" (no. 2033).

MAYO

1 DE MAYO
San José Obrero
Memoria opcional

Éste es un día dedicado a la celebración del trabajo humano y de la clase trabajadora. Aunque en los Estados Unidos hay una fiesta especial en septiembre dedicada al trabajo, en muchas partes del mundo la fiesta se celebra en el día de hoy, y la Iglesia la puso bajo la protección de san José, carpintero, padre adoptivo de Jesús y patrón de la Iglesia universal.

La Iglesia nos ha recordado muchas veces la dignidad del trabajo humano como colaboración en la obra de la creación de Dios. Dice el *Catecismo*: "El trabajo puede ser un medio de santificación y de animación de las realidades terrenas en el espíritu de Cristo" (no. 2427).

2 DE MAYO
San Atanasio, obispo y doctor de la Iglesia (295–373)
Memoria obligatoria

Era obispo de Alejandría, Egipto. Experto en Sagrada Escritura, ayudó en el Concilio de Nicea, que condenó la herejía arriana, que negaba la divinidad de Cristo. En este concilio se promulgó el Credo de Nicea, profesa que Cristo es "engendrado, no creado, de la misma naturaleza que el

Padre". Atanasio se tuvo que enfrentar a la oposición y fue exiliado por el poder político hasta cinco veces. Fue además acusado falsamente de toda clase de pecados y sacrilegios.

Atanasio fue fuerte en la oposición y un maestro sabio. Hablando de la fe de la Iglesia en que Jesús se hizo hombre para que pudiéramos participar en la naturaleza divina, el *Catecismo* cita una fuerte frase de Atanasio: "Porque el Hijo de Dios se hizo hombre para hacernos Dios" (no. 460)[*].

3 DE MAYO
Santos Felipe y Santiago, Apóstoles
Fiesta

Felipe nació en Betsaida y fue llamado por Jesús a continuación de Pedro y Andrés. Aparece en los Evangelios varias veces en diálogo con Jesús, haciéndole preguntas y dándole a Jesús una oportunidad de responder a dudas que posiblemente tuvieran los demás discípulos[**]. También sabemos que predicó el Evangelio en Frigia y posiblemente en Grecia. Por su parte, a Santiago, hijo de Alfeo, se le conoce como el Justo, pero, para diferenciarlo del otro Santiago, pasó a ser conocido como Santiago el Menor. En Hechos de los Apóstoles se le encuentra apoyando a Pedro en el Concilio de Jerusalén.

Se piensa que el martirio de los dos ocurrió en el año 62. Se cuentan entre los primeros testigos de la Resurrección, de los que dice el *Catecismo*: "La fe de la primera comunidad de creyentes se funda en el testimonio de hombres concretos,

---

[*] San Atanasio de Alejandría, *De Incarnatione*, 54, 3: PG 25, 192B.
[**] Jn 1:43-46; Jn 12:20-22; Jn 14:8-11.

conocidos de los cristianos, y para la mayoría, viviendo entre ellos todavía" (no. 642).

10 DE MAYO
San Damián de Veuster de Molokai, presbítero (1840–1888)
Memoria opcional [USA]

Se llamaba José de Veuster y nació en Bélgica, en una familia de humildes granjeros. Cuando sólo tenía 13 años, dejó la escuela para trabajar en la granja familiar. Ingresó algo más tarde en la Congregación de los Sagrados Corazones de Jesús y de María y tomó el nombre religioso de Damián. Cuando su hermano, también sacerdote, cayó enfermo y no pudo ir a su destino en Hawaii, Damián se ofreció en su lugar. Más tarde se ofreció como voluntario en la colonia de leprosos de Molokai. Cuando Damián llegó a Molokai, se encontró un grupo de personas totalmente abandonadas e ignoradas por la sociedad, en un ambiente de desesperación e impotencia. Damián no sólo predicó el Evangelio, sino que luchó por el desarrollo humano de estas personas y buscó apoyo gubernamental. Consiguió casas nuevas, una iglesia, una escuela y un orfanato. Después de muchos años en la isla, contrajo la lepra, que soportó con entereza y valor hasta su muerte.

Damián es un ejemplo heroico de compasión y solidaridad con los enfermos a ejemplo de Cristo, como nos dice el *Catecismo*: "Conmovido por tantos sufrimientos, Cristo no sólo se deja tocar por los enfermos, sino que hace suyas sus miserias" (no. 1505).

12 DE MAYO
Santos Nereo y Aquileo, mártires (†304?)
Memoria opcional

Ambos eran soldados pretorianos en el imperio de Trajano, pero se negaron a seguir órdenes del emperador contra los cristianos, por parecerles crueles. Fueron exiliados por enfrentarse al emperador por su persecución y maltrato de los cristianos. Al regresar del exilio y volver a enfrentarse al emperador, fueron ejecutados.

Su renuncia a las armas y alegre confesión de Cristo es un testimonio de lo que nos dice el *Catecismo* sobre el desobedecer órdenes injustas: "Las acciones deliberadamente contrarias al derecho de gentes y sus principios universales, como asimismo las disposiciones que las ordenan, son crímenes" (no. 2313).

(EL MISMO DÍA)
San Pancracio, mártir (†304?)
Memoria opcional

Se sabe poco de su vida, pero sí se sabe que era solamente un adolescente cuando sufrió el martirio. Había ido de Siria, su lugar de nacimiento, a Roma con un tío cuando quedó huérfano. Ambos se convirtieron al cristianismo y sufrieron el martirio durante el imperio de Trajano.

De la persecución nos habla el *Catecismo* como un elemento connatural al cristianismo: "Toda la vida de Cristo estará bajo el signo de la persecución. Los suyos la comparten con él" (no. 530).

13 DE MAYO
Bienaventurada Virgen María de Fátima
Memoria opcional

Entre el 13 de mayo y el 13 de octubre de 1917, la Virgen se apareció cada mes, en el día 13, a tres humildes niños pastores de Portugal: Jacinta, Francisco y Lucía. Les pidió que aprendieran a leer y escribir y que rezaran el Rosario por la paz del mundo, en aquel momento rota por la revolución soviética, la persecución religiosa y el principio de la Primera Guerra Mundial. Les confió tres secretos, que se han ido revelando posteriormente: el primero era la llamada a la devoción al Inmaculado Corazón de María; el segundo contenía una visión del infierno, y el tercero un intento de asesinato del Papa. Fátima, el lugar de las apariciones, ha sido desde entonces centro de innumerables peregrinaciones y gracias del Señor.

De la devoción a María y el rezo del Rosario habla el *Catecismo*: "La piedad de la Iglesia hacia la Santísima Virgen... encuentra su expresión... en la oración mariana, como el Santo Rosario, 'síntesis de todo el Evangelio'" (no. 971)*.

---

* Cf. LG, 66; Pablo VI, *Marialis cultus*, 56.

14 DE MAYO
San Matías, Apóstol
Fiesta

Se tienen pocos datos sobre su vida, pero se sabe que fue elegido como un varón justo, reemplazando en el grupo de los Doce a Judas Iscariote. Se dice que evangelizó en Capadocia y en el área cercana al mar Caspio.

Matías fue elegido por Dios para una misión especial, pero todos los creyentes, por su Bautismo, están llamados también por una llamada especial de Dios. Como dice el *Catecismo*: "Al entrar en el Pueblo de Dios por la fe y el Bautismo se participa en la vocación única de este Pueblo: en su vocación *sacerdotal*" (no. 784).

15 DE MAYO
San Isidro Labrador (1070–1130)
Memoria opcional

Nació en Madrid, España y fue un humilde labrador asalariado. Casado con María de la Cabeza (que también está canonizada), tuvieron un hijo que murió pronto. Hay algunas leyendas que aseguran que los ángeles le labraban el campo mientras él oraba, pero lo cierto es que Isidro nunca desatendió sus obligaciones y hacía de toda su vida oración. Es patrón de los agricultores y su esposa María y él son patrones de Madrid.

Isidro se distinguió por su ayuda a los más pobres desde su propia pobreza, por su trabajo y responsabilidad en sus deberes y por su contemplación. Es ejemplo de la oración inspirada por la creación de la que habla el *Catecismo*: "La oración se vive primeramente a partir de las realidades de la creación" (no. 2569).

18 DE MAYO
San Juan I, Papa y mártir (†526)
Memoria opcional

Este Papa gobernó a la Iglesia solamente durante tres años y medio, que fueron muy fructíferos: convocó varios concilios, siendo importante entre ellos el de Orange, que solucionó argumentos sobre la gracia. También promovió el canto en la liturgia, como precursor del gregoriano, y reguló las instrucciones para antes del Bautismo. El rey Teodorico, de persuasión arriana, lo envió a Constantinopla a mediar ante Justino, que perseguía a los arrianos. Juan fue con la intención de suavizar las tensiones, no de justificar las doctrinas arrianas. Pero mientras estaba allí, Justino se hizo coronar emperador, lo cual provocó la ira del rey. Encarcelado por el rey arriano Teodorico, Juan murió de hambre y sed en la cárcel de Rávena.

No es fácil perseverar en la fe y proclamar lo que se cree. Es más fácil abandonar y no arriesgar la propia vida o la fama. Juan perseveró incluso cuando se enfrentó a una agonía muy lenta. Su alimento fue la Palabra de Dios, como nos dice el *Catecismo*: "Para vivir, crecer y perseverar hasta el fin debemos alimentarla con la Palabra de Dios" (no. 162).

San Bernardino de Siena, presbítero (1380–1444)
Memoria opcional

Bernardino, nacido en Italia, perdió a sus padres antes de cumplir los siete años y fue educado por parientes. Entró en la Orden franciscana a los 22 años, pasando los 12 primeros años de su consagración religiosa en oración. En 1417 comenzó su ministerio como predicador, y demostró ser un extraordinario orador, atrayendo a multitudes. Fue un gran promotor de la devoción al Santo Nombre de Jesús. También lo comisionaron para intentar curar las divisiones de los diversos grupos de la Orden franciscana. Trabajó asimismo como pacificador de ciudades enfrentadas.

Del significado y el sentido de la devoción al Nombre de Jesús del que tanto habló Bernardino, nos dice el *Catecismo*: "El nombre de Jesús significa que el Nombre mismo de Dios está presente en la persona de su Hijo" (no. 432)*.

San Cristóbal Magallanes, presbítero, y compañeros, mártires (1869–1927)
Memoria opcional

Nacido en una familia de agricultores en México, de niño Cristóbal trabajó como pastor. Entró en el seminario cuando tenía 19 años y a su ordenación fue nombrado párroco de

---

* Cf. Hch 5:41; 3 Jn 7.

Totliche. Fundó escuelas, un periódico, un centro de catequesis de niños y adultos, talleres de carpintería y una planta
eléctrica, y además trabajó en cooperativas agrícolas con
los indígenas de la zona. Cuando llegó al poder un gobierno
anticlerical y cerró el seminario, Cristóbal inauguró uno
nuevo y luego otros. Uno a uno, se fueron cerrando todos los
seminarios, y entonces Cristóbal formó a los seminaristas en
casas privadas. Escribió y habló contra la violencia armada,
pero así y todo fue acusado de rebelión. Al ser arrestado,
distribuyó sus pertenencias entre sus verdugos y les dio la
absolución antes de ser ejecutado por las autoridades en el
paredón con sus 24 compañeros, sacerdotes y laicos defen-
sores de la fe.

Además de ser ejemplo de una perseverancia extraordinaria, Cristóbal es ejemplo del perdón del que habla el
Catecismo: "El perdón da testimonio de que, en nuestro
mundo, el amor es más fuerte que el pecado. Los mártires de
ayer y de hoy dan este testimonio de Jesús" (no. 2844).

22 DE MAYO
Santa Rita de Cascia, religiosa (1381–1457)
Memoria opcional

Esta santa italiana desde niña deseaba ser monja, pero su
padre la obligó a casarse cuando sólo tenía 12 años. Paolo,
el esposo de Rita, era un hombre brutal, bebedor, mujeriego
y abusador. Rita oró por él siempre y, después de veinte años
de matrimonio, su esposo se convirtió y le pidió perdón. Pero
los antiguos amigos de Paolo lo buscaron y lo asesinaron.

Habían tenido dos hijos, que juraron vengarse de los asesinos de su padre, lo cual fue un nuevo dolor para Rita. Cuando los dos hijos murieron, Rita entró en la congregación de religiosas agustinas. Allí vivió una vida de austeridad, oración y caridad. Meditaba sobre la pasión de Cristo, cuidaba a monjas ancianas y aconsejaba a laicos que acudían a ella. Es patrona de casos difíciles.

Aunque la separación de esposos a veces es inevitable, especialmente en casos de abuso, Rita es una inspiración también en matrimonios difíciles, por su oración constante, su esperanza en Dios, su paciencia y perdón. De la gracia necesaria para los conflictos en el matrimonio dice el *Catecismo*: "Para sanar las heridas del pecado el hombre y la mujer necesitan la ayuda de la gracia que Dios... Sin esta ayuda, el hombre y la mujer no pueden llegar a realizar la unión de sus vidas en orden a la cual Dios los creó 'al comienzo'" (no. 1608)*.

25 DE MAYO
San Beda el Venerable, presbítero y doctor de la Iglesia (672/3–735)
Memoria opcional

Fue un monje benedictino y académico inglés. Educado en el monasterio de Jarrow, estudió Sagrada Escritura y los escritos de los Padres de la Iglesia. Era gramático, naturalista, poeta y teólogo, y compuso el primer martirologio de la historia. Escribió también la historia eclesiástica del pueblo inglés. Fue un buen monje, muy generoso. Cuentan que antes de morir hizo pequeños regalos a sus hermanos monjes.

---

* Cf. Gn 3:21.

Se distingue por su empeño en conocer y enseñar la verdad. Practicó lo que señala el *Catecismo* sobre la Escritura: "Para que las Escrituras no se queden en letra muerta, es preciso que Cristo, Palabra eterna del Dios vivo, por el Espíritu Santo, nos abra el espíritu a la inteligencia de las mismas" (no. 108)*.

(EL MISMO DÍA)
San Gregorio VII, Papa (1020–1085)
Memoria opcional

Su nombre de Bautismo era Hildebrando, y era italiano. Estudió en Letrán, donde uno de sus maestros fue el que sería Papa Gregorio VI. El Papa nombró a Hildebrando secretario, y éste sirvió a los siguientes cinco papas, siendo por último nombrado Papa él mismo, tomando el nombre de Gregorio VII. Emprendió enseguida la reforma de la Iglesia luchando contra la simonía, la inmoralidad y el uso de las investiduras (es decir, el nombramiento de posiciones eclesiásticas a cargo de los poderes civiles). Trató de poner fin al cisma de Oriente y también lanzó una cruzada para liberar a Jerusalén. Con él se editó el Derecho Canónico. En uno de los episodios más significativos de la historia de la Iglesia en la Edad Media, excomulgó al emperador Enrique IV por instigar a 24 obispos a rebelarse contra él por el caso de las investiduras. En la famosa escena de Canossa, Enrique pidió perdón, y Gregorio lo perdonó, pero a los pocos años el rey reincidió, y asedió y tomó Roma.

Gregorio también fue un ardiente defensor de la fe en la presencia real de Cristo en la Eucaristía. Dice el *Catecismo*:

---

* Cf. Lc 24:25.

"En el santísimo sacramento de la Eucaristía están contenidos *verdadera, real y substancialmente* el Cuerpo y la Sangre junto con el alma y la divinidad de nuestro Señor Jesucristo y, por consiguiente, *Cristo entero*" (no. 1374)*.

(EL MISMO DÍA)
Santa María Magdalena de Pazzi, virgen (1566–1607)
Memoria opcional

De familia noble italiana, a los 10 años de edad hizo la Primera Comunión y al mismo tiempo hizo un voto de virginidad perpetua. Ingresó como monja carmelita contra los deseos de sus padres y se dedicó con gran intensidad al trabajo del monasterio. Como muchos contemplativos, sufrió pruebas espirituales muy fuertes.

Deja el ejemplo de su ardiente amor a Dios, de caridad hacia los que la rodeaban y de su deseo de mantenerse virgen toda la vida. De la virginidad dice el *Catecismo*: "La virginidad por el Reino de los cielos es un desarrollo de la gracia bautismal, un signo poderoso de la preeminencia del vínculo con Cristo, de la ardiente espera de su retorno" (no. 1619)**.

---

*   Concilio de Trento: DS, 1651.
**   Cf. I Co 7:32.

26 DE MAYO
San Felipe Neri,
presbítero (1515–1595)
Memoria obligatoria

Procedía de una familia modesta de Florencia. Se hizo comerciante, pero dejó la profesión para dedicarse al apostolado entre todo tipo de personas en la ciudad. Algo más tarde, descubrió su vocación sacerdotal y fundó la Congregación del Oratorio. Desde éste, trabajó mucho por la juventud y entre artistas y músicos. Se distingue por su bondad, optimismo, alegría y sentido del humor.

Es conocido como el nuevo apóstol de Roma, ya que a él acudían personas de toda clase y rango social. Tuvo una gran influencia en la vida espiritual de la ciudad. Felipe es muestra de los frutos de la caridad, como dice el *Catecismo*: "La caridad tiene por frutos el gozo, la paz y la misericordia. Exige la práctica del bien y la corrección fraterna; es benevolencia; suscita la reciprocidad; es siempre desinteresada y generosa; es amistad y comunión" (no. 1829).

27 DE MAYO
San Agustín de Canterbury,
obispo (†604/605)
Memoria opcional

Fue prior del Monasterio de San Andrés en Roma. El Papa Gregorio encargó a Agustín y otros 30 monjes la evangelización del sur de Inglaterra. Después de la conversión del rey Etelberto, Agustín regresó a Francia y fue ordenado obispo. Por su predicación, muchos súbditos del rey pidieron el Bautismo. Fue el primer arzobispo de Inglaterra. Logró el establecimiento de la jerarquía y la transformación de templos paganos en iglesias cristianas, y de las fiestas paganas en fiestas cristianas. También logró la reforma de la liturgia de la que muchos obispos se habían desviado.

Es ejemplo de lucha entusiasta por la renovación y purificación de las costumbres y las culturas. Como dice el *Catecismo*: "La buena nueva de Cristo renueva continuamente la vida y la cultura del hombre caído; [...] consolida, completa y restaura en Cristo, como desde dentro, las bellezas y cualidades espirituales de cada pueblo o edad" (no. 2527)*.

31 DE MAYO
Visitación de la Bienaventurada Virgen María
Fiesta

Esta fiesta celebra la visita de María cuando se enteró de que su prima, ya avanzada en años, también estaba embarazada. La fiesta está sabiamente situada para que caiga entre la Anunciación y el Nacimiento de Juan Bautista, recalcando la relación entre las dos figuras: el precursor y el Mesías. Es una fiesta también de alegría de dos madres, más por la venida del Salvador y la acción del Todopoderoso en ellas, que por su propia maternidad.

---

* Concilio Vaticano II, *Gaudium et Spes*, 58, 4.

El Evangelio de Lucas recoge el cántico de María en acción de gracias al encontrarse con Isabel. El *Catecismo* dice que este Magnificat: "Es... cántico de acción de gracias por la plenitud de gracias derramadas en la economía de la salvación, cántico de los pobres, cuya esperanza ha sido colmada con el cumplimiento de las promesas hechas a nuestros padres" (no. 2619)*.

---

*   Cf. Lc 1:46-55.

JUNIO

San Justino, mártir (†166)
Memoria obligatoria

Justino fue un buscador de la verdad. Nacido en Samaria, de padres romanos o griegos, paganos, estudió filosofía y exploró diversas corrientes de pensamiento para encontrar algo que respondiera a su deseo de verdad. Un maestro en Éfeso le aconsejó que estudiara el Antiguo Testamento, y el encuentro con la Palabra de Dios al fin lo acercó al cristianismo. Fue bautizado en 130. Estableció en Roma una escuela de filosofía para responder a lo que sentía como su obligación de dar a conocer las verdades del cristianismo. Es autor de muchas obras, de las que se conservan dos *Apologías* y el *Diálogo con Trifón el Judío*. También nos dejó una primera descripción de la Misa, que el *Catecismo* cita en el n. 1545. Además de defender la fe y dialogar con ella con personas de otras religiones, enseñó detalladamente los ritos del Bautismo y la Eucaristía a los no creyentes. Denunciado por un colega, dio testimonio de su fe cristiana y fue condenado a muerte junto con otros seis cristianos, hacia el año 166.

El *Catecismo* cita una preciosa definición de Iglesia de Justino: "Así como la voluntad de Dios es un acto y se llama mundo, así su intención es la salvación de los hombres, y se llama Iglesia" (no. 760)[*]. Su defensa de la verdad de Cristo nos anima a profesar nuestra fe sin temor, sembrando las semillas del Evangelio, con la seguridad puesta

---

[*] San Clemente de Alejandría, Paedagogus, 1, 6.

en Dios. Su fortaleza nos llama a mantenernos firmes ante toda adversidad.

2 DE JUNIO
Santos Marcelino y Pedro, mártires (†304 ó 305)
Memoria opcional

Estos mártires de la persecución de Diocleciano cavaron sus propias tumbas, literalmente. Y, además, según cuenta la historia, narrada por el propio verdugo al Papa Dámaso, lo hicieron alegremente, porque sabían que su destino era el Reino eterno, donde contemplarían para siempre a Dios. Los perseguidores querían enterrarlos fuera de la ciudad para que los grupos cristianos no pudieran acudir a venerarlos. Según un relato del siglo VI, sus cuerpos se encontraron milagrosamente y fueron transportados a las catacumbas de Tiburcio. Aunque no se sabe mucho más de ellos, sus nombres se mencionan en la Plegaria Eucarística I, lo cual es un signo de que eran venerados por los primeros cristianos.

A imitación de su constancia en la fe y de su alegría por la confesión de Cristo, se nos llama a mantener la lucha "no contra enemigos humanos, sino contra las principalidades y potestades, contra los espíritus malignos" (Ef 6:12).

3 DE JUNIO
Carlos Lwanga y compañeros, mártires (†1886)
Memoria obligatoria

Los principios de la evangelización en Uganda parecían bastante prometedores. Los Padres Blancos pudieron extender la fe, y la comunidad crecía. La vida ejemplar de los cristianos al principio atrajo al rey, y más tarde a su hijo. Ambos comprendieron pronto, sin embargo, que los cristianos no apoyarían su práctica de venta de esclavos o sus costumbres sexuales, y se volvieron contra ellos. Mwanga, el hijo del rey, era amigo de algunos jóvenes cristianos, pero cuando el líder José Mkasa lo confrontó por su inclinación a la pedofilia, Mwanga ordenó asesinarlo. Carlos Lwanga era un favorito en la corte, y líder de la comunidad, y estaba instruyendo en la fe a varios jóvenes que servían al rey. Los bautizó casi inmediatamente antes de su martirio. Estos jóvenes son parte de los más de 100 mártires cristianos de Uganda, de edades comprendidas en su mayoría entre los 13 y los 25 años. Fueron canonizados durante el Concilio Vaticano II, en presencia de obispos de todo el mundo. En el año siguiente a su martirio, el número de catecúmenos ascendió velozmente en Uganda.

El *Catecismo* dice: "La alternativa es clara: o el hombre controla sus pasiones y obtiene la paz, o se deja dominar por ellas y se hace desgraciado" (no. 2339)*. Los jóvenes africanos entendieron bien esto y dónde estaba su felicidad en contraste con la vida atormentada de sus reyes. No es difícil

---

*   Cf. Si 1:22.

hacer paralelos con nuestra propia situación hoy y las costumbres de una sociedad confundida y desviada.

5 DE JUNIO
San Bonifacio, obispo y mártir (672–754)
Memoria obligatoria

Winfrido pertenecía a una familia acomodada de Inglaterra y se educó en un monasterio. Muy joven ingresó en la abadía benedictina, pero su mayor deseo era predicar el evangelio en tierra extranjera. Acudió a Roma donde se encontró con el Papa Gregorio, quien, por su afán misionero, le cambió el nombre al de Bonifacio en honor al mártir del siglo IV del mismo nombre, y le envió a Alemania. Recorrió toda Alemania predicando el Evangelio y años más tarde el Papa Gregorio III le entregó Bavaria como territorio de misión y le ordenó arzobispo. Por muchos años, Bonifacio fundó varias diócesis y escuelas y fundó una abadía en Fulda. Consiguió estabilizar la Iglesia en Alemania con la ayuda de monjes y religiosas, muchos de los cuales también han sido canonizados. Existe una bella leyenda según la cual Bonifacio se enteró de que en un poblado los habitantes se congregaban alrededor de un árbol dedicado a un dios pagano y sacrificaban a un niño. Bonifacio llegó al pueblo, taló el árbol y en cambio les ofreció un árbol pequeño como árbol santo. Por su predicación, el pueblo se convirtió, y ese árbol fue el origen del árbol de Navidad. Mientras se preparaba para administrar la Confirmación a un grupo de conversos, una banda hostil llegó al monasterio y los asesinó a todos.

El *Catecismo* afirma que: "Porque cree en el designio universal de salvación, la Iglesia debe ser misionera" (no. 851). Bonifacio es conocido por su enorme espíritu misionero, su gran labor de unificación de la Iglesia y su estilo de trabajo en colaboración con otros.

6 DE JUNIO
San Norberto, obispo (1080–1134)
Memoria opcional

Nacido de una familia noble de Francia, Norberto tenía una vida llena de comodidades y placeres, pero tuvo una fuerte experiencia de conversión cuando su padre mató a un hombre, lo cual le hizo reflexionar sobre el sentido de la vida. Entonces entregó todas sus posesiones y se retiró a orar en un valle del norte de Francia. Pero su soledad no duró mucho, porque pronto le siguieron cuarenta compañeros. Norberto tenía una gran relación con san Bernardo. Asistía en Alemania a una gran convocación católica cuando surgió una disputa sobre el arzobispo de Magdeburgo y los ciudadanos, reconociendo la santidad de Norberto, lo eligieron como su arzobispo. En obediencia, aceptó y luchó por la reforma de la Iglesia, aunque su vocación más profunda era la contemplación.

Norberto vivió profundamente lo que nos dice el *Catecismo* sobre la contemplación: "La contemplación es escucha de la palabra de Dios [...] es la obediencia de la fe, acogida incondicional del siervo y adhesión amorosa del Hijo" (no. 2716). Era además muy devoto de la Sagrada Eucaristía y de la Santísima Virgen. También fue un gran pacificador y promotor de la oración personal y comunitaria de los sacerdotes de su diócesis.

9 DE JUNIO
San Efrén, diácono y doctor de la Iglesia (†373)
Memoria opcional

Existen diversas versiones sobre el origen de san Efrén. Una tradición asegura que nació de familia cristiana en Mesopotamia, pero la otra dice que sus padres eran paganos y que lo desheredaron cuando se convirtió al cristianismo. Lo cierto es que sirvió como diácono a la Iglesia en Siria, y es conocido por sus brillantes escritos, que le valieron el título de "arpa del Espíritu Santo", que incluyen himnos litúrgicos, explicaciones de la Sagrada Escritura y exposición de algunos errores teológicos y su respuesta. En sus escritos, defiende la primacía de Pedro y habla de María, limpia de todo pecado. Dirigía una escuela teológica y, cuando Persia invadió Siria, fue a refugiarse a Edesa con varios de sus discípulos. El país estaba pasando por una grave hambruna y Efrén convenció a las familias más acomodadas para que le permitieran distribuir sus donaciones. Agotado de todos sus trabajos, se retiró a su lugar de oración y allí murió.

Vivió la vida de diácono como la describe el *Catecismo*: "En comunión con el obispo y sus presbíteros, está al servicio del Pueblo de Dios en el ministerio de la liturgia, de la palabra y de la caridad" (no. 1588)*. Su intensa vida de oración y cari-

---

* Concilio Vaticano II, *Lumen Gentium*, 29.

dad, y su brillante inteligencia, nos han dejado un programa de espiritualidad y liturgia relevante para toda la Iglesia hoy.

11 DE JUNIO
San Bernabé, Apóstol (†60 ó 61)
Memoria obligatoria

Uno de los primeros proclamadores de la Palabra poco después de Pentecostés es Bernabé, originario de Chipre. Hechos de los Apóstoles nos lo presenta como un hombre bueno, lleno del Espíritu y dispuesto para la misión evangelizadora. Pablo y Bernabé viajaron juntos a evangelizar el Asia Menor, pero parece ser que tuvieron alguna diferencia de opinión y Bernabé regresó a Chipre, donde continuó evangelizando. Participó en el Concilio de Jerusalén donde se discutió si las leyes judías debían regir para los gentiles que se convertían o no. Se convierte así en un primer reconciliador de diferencias culturales, proporcionando una visión que fue muy decisiva para la misión universal de la Iglesia. Se piensa que fue lapidado en Salamis, Chipre.

Incluso en medio de conflictos por personalidad humana, tanto para Bernabé como para Pablo era verdad lo que dice el *Catecismo*: "La Iglesia es una: confiesa una sola fe, nace de un solo Bautismo, no forma más que un solo Cuerpo, vivificado por un solo Espíritu, orientado a una única esperanza, a cuyo término se superarán todas las divisiones" (no. 866)*.

---

* Cf. Ef 4:3-5.

13 DE JUNIO
San Antonio de Padua, presbítero y doctor de la Iglesia (1195–1231)
Memoria obligatoria

Nacido en Lisboa y bautizado como Fernando, sintió una fuerte llamada de Dios cuando vio los cuerpos de cinco franciscanos que habían sido martirizados en África, e ingresó en la Orden Franciscana, tomando el nombre de religión de Antonio. Viajó a Marruecos, con el deseo de seguir las huellas de los franciscanos allí martirizados, pero tuvo que regresar por enfermedad. En el viaje de regreso, una tormenta obligó a desembarcar cerca de Sicilia y entonces pasó a la península italiana. Participó en el Capítulo General franciscano de 1221, donde conoció a san Francisco de Asís. Fue ordenado sacerdote e inició su ministerio de predicación, siendo el primer franciscano en enseñar teología. Su extenso conocimiento de la Sagrada Escritura y su enorme capacidad persuasoria lo convirtieron en un excelente y famoso predicador. Por eso fue enviado a Francia a combatir las herejías cátaras, que separaban fuertemente cuerpo y espíritu, sin considerar la realidad de la totalidad de la persona. Murió en esta fecha en 1231 y fue canonizado en Pentecostés del año siguiente. Su culto se extendió rapidísimamente y fue proclamado Doctor de la Iglesia por Pío XII.

El *Catecismo* indica que: "El anuncio de la Palabra de Dios no se reduce a una enseñanza: exige la respuesta de fe, como consentimiento y compromiso" (no. 1102). Y esto es lo que distingue a Antonio en su fidelidad al Evangelio, su celo en el diálogo con quienes caían en errores teológicos, y su amoroso cuidado de los pobres.

19 DE JUNIO
San Romualdo, abad (951–1027)
Memoria opcional

De joven, estaba entregado al placer y a una vida bastante libertina, pero escuchó la llamada de Dios e ingresó en el monasterio de Ravena. Su profunda conversión le llevó a observar las reglas tan estrictamente, que algunos de los monjes un poco más relajados se resentían. Con permiso de su abad, siguió su especial llamada a la soledad, y por mucho tiempo buscó una congregación en la que pudiera combinar la llamada a la soledad con la vida comunitaria. Durante treinta años viajó por Italia fundando monasterios y ermitas. Por mucho tiempo, sufrió una noche oscura y, cuando ésta terminó, quiso ir a Hungría a evangelizar, pero cada vez que entraba en el país, caía gravemente enfermo, lo cual tomó como una señal de Dios de que su lugar estaba en Italia. En 994 regresó a Ravena y fundó la Orden de Ermitaños Camaldulenses, que pueden seguir la regla de san Benito, vivir como ermitaños, o combinar ambas vidas. Aunque ermitaño por llamada y por temperamento, Romualdo también era agudamente consciente de los problemas de la Iglesia en su tiempo.

Su vida refleja la descripción que hace el *Catecismo* de la vida eremítica: "Una predicación silenciosa de Aquel a quien había entregado su vida" (no. 921). Romualdo enseña la pureza de intención, la perseverancia en medio de la oscuridad, y la obediencia a las continuas llamadas de Dios.

21 DE JUNIO
San Luis Gonzaga, religioso (1568–1591)
Memoria obligatoria

La fuerza de su vocación lo llevó a oponerse a los deseos de su padre, un noble italiano que quería que su hijo fuera soldado. A la temprana edad de 10 años, se había consagrado a Dios con voto de virginidad. En su adolescencia, sirvió como paje en la corte del duque de Mantua y más tarde en la del príncipe de Asturias, en España. A su regreso a Italia, cedió sus derechos de herencia a su hermano e ingresó en el seminario de Roma de la Compañía de Jesús, donde su director espiritual fue san Roberto Belarmino. Soñaba con ir a misiones e incluso con sufrir el martirio. Tenía un fuerte espíritu de penitencia y de caridad. En 1591 se declaró una plaga en Roma, donde vivía, y salió a cuidar a los enfermos. Se contagió de la enfermedad y murió cuando sólo tenía 23 años. Tuvo el presentimiento de que moriría en la octava de la fiesta del Corpus y pidió el Viático, aunque no parecía que hubiera peligro de muerte. Antes de morir, escribió a su madre pidiéndole que su muerte fuera motivo de alegría y agradecimiento.

Se caracterizó por su amor a la Eucaristía, a los pobres, enfermos y necesitados. Pero quizá su virtud más notable era la templanza. Como dice el *Catecismo*: "La virtud moral que [...] asegura el dominio de la voluntad sobre los instintos y mantiene los deseos en los límites de la honestidad" (no. 1809).

22 DE JUNIO
San Paulino de Nola, obispo (353–431)
Memoria opcional

Paulino fue político, filósofo y poeta. Nació en Francia, de una familia romana de senadores. Siguiendo la tradición familiar, tuvo una carrera política de unos 20 años. Viajó por lo que hoy se conoce como Francia, España e Italia y fue gobernador de una ciudad italiana. En uno de sus viajes conoció a la que sería su esposa, Teresa, y se convirtió al cristianismo, siendo bautizado en 389. Fue muy amigo de san Agustín de Hipona, como prueba una amplia correspondencia. Paulino y su esposa tuvieron un hijo, pero, a la muerte de éste, renunciaron a todos sus bienes y se retiraron a la vida religiosa. Ambos fundaron un hospicio para enfermos y un hostal para peregrinos al santuario de san Félix. Cuando falleció Teresa, Paulino fue nombrado obispo de Nola. Se sabe poco de su episcopado, salvo que gobernó con sabiduría y generosidad.

De Paulino aprendemos el desprendimiento de todos los bienes, el amor por la pobreza y por los pobres y su integridad tanto en su vida civil como religiosa. Vivió lo que resume el *Catecismo* sobre las distintas maneras de consagrarse a Dios: "Hay fieles que, perteneciendo a uno de ambos grupos [clérigos o laicos], por la profesión de los consejos evangélicos, se consagran a Dios y sirven así a la misión de la Iglesia" (no. 934)[*].

---

[*]   CDC, 207, 1.2.

San Juan Fisher (1469–1535), obispo, y santo Tomás Moro (1477–1535), mártires
Memoria opcional

Las historias de estos dos santos ingleses, unidos en la fe y en la muerte, abarcan, sin embargo, un amplio espectro de estilos de vida y vocaciones dentro de la Iglesia y la sociedad. Juan Fisher era obispo de Rochester y Tomás Moro, un hombre casado, padre, y canciller de Inglaterra. Ambos tenían un alto grado de educación académica, eran humanistas y grandes amigos de Erasmo de Rotterdam. Tomás Moro era un gran escritor y entre sus obras destaca *Utopía*, un libro de filosofía política que presenta una visión de una sociedad basada en las virtudes humanas. Juan se distinguió por combatir herejías, y particularmente, las tesis propuestas por Martín Lutero. Ambos fueron encarcelados en la Torre de Londres y ejecutados por orden de Enrique VIII por negarse a reconocer su divorcio de Catalina de Aragón y por su auto-adjudicación de supremacía sobre la Iglesia de Inglaterra.

Juan es conocido por su firme voluntad de defender la verdad a costa de su propia vida. Tomás Moro es conocido por sus profundos escritos, su apertura a la voluntad de Dios y su gran sentido del humor. El *Catecismo* cita unas palabras de Tomás Moro poco antes de su martirio: "Nada puede pasarme que Dios no quiera. Y todo lo que Él quiere, por muy malo que nos parezca, es en realidad lo mejor" (no. 313)[*].

---

[*] Santo Tomás Moro, Carta de prisión; cf. Liturgia de las Horas, III, Oficio de lectura, 22 de junio.

24 DE JUNIO
Natividad de San Juan Bautista
Solemnidad

El nacimiento de Juan se celebra coincidiendo con el solsticio de verano, como el de Jesús se celebra en el solsticio de invierno. Es muy significativo, porque parece reflejar las palabras del propio Juan diciendo que era necesario que Jesús creciera y él mismo menguara. La muerte de Juan se observa como segunda fiesta litúrgica el 29 de agosto. Desde las narrativas de infancia de los Evangelios, las dos figuras siempre se sitúan en una especie de paralelo, enfatizando la función de Juan como anuncio, como quien reconoce a Jesús como el Ungido y se alegra con su venida incluso desde el vientre materno. La solemnidad se remonta al siglo IV y en su día estuvo precedida por un día de ayuno. Es, además, ocasión de grandes celebraciones de la religiosidad popular en países de habla hispana. Dos temas sobresalen en el mensaje de Juan Bautista que nos llega por el Evangelio. Uno es el de la preparación de los caminos del Señor y la venida de Cristo, que aparece prominentemente en Adviento, y el otro es el de la proclamación de Jesús como Cordero de Dios.

El *Catecismo* resume toda la obra de Juan: "Con Juan Bautista el Espíritu Santo inaugura, prefigurándolo, lo que realizará con y en Cristo: volver a dar al hombre la semejanza divina" (no. 720)*. Una obra heroica y humilde al mismo tiempo.

---

* Cf. Jn 3:5.

San Cirilo de Alejandría, obispo y doctor de la Iglesia (370–444)
Memoria opcional

Nacido en Alejandría cuando la ciudad era el centro del poder y la ciencia, Cirilo era sobrino del patriarca Teófilo de Alejandría y le sucedió en el episcopado en 412. Cirilo fue un gran luchador por las verdades que creía. Y su lucha lo llevó a enfrentamientos, conflictos e incluso a ser él mismo acusado de herejía. Desde los primeros días de su episcopado mostró un enorme celo y escribió gran parte de sus obras exegéticas. Combatió herejías y cerró iglesias que las promulgaban. Cuando Nestorio, que se convirtió en patriarca de Constantinopla, negó la divinidad de Jesús—y por lo tanto la Maternidad divina de María—, Cirilo reaccionó fuertemente. Le escribió al Papa Celestino y éste le autorizó para comunicarse con Nestorio. Pero su carta a Nestorio se interpretó mal y el propio Cirilo fue acusado de herejía. Entonces el emperador Teodosio convocó el Concilio de Nicea y Cirilo lo presidió en nombre del Papa. En el Concilio se declaró la Maternidad divina de María. Después del Concilio, Cirilo siguió su obra apologética.

Es fácil retroceder cuando los obstáculos son enormes. Cirilo se mantuvo firme sin ceder a presiones, adulaciones, o incluso persecuciones. También mostró una fe inconmovible en la presencia real de Jesús en la Eucaristía. El *Catecismo* lo cita: "No te preguntes si esto es verdad, sino acoge más bien con fe las palabras del Señor, porque él, que es la Verdad, no miente" (no. 1381)*.

28 DE JUNIO
San Ireneo, obispo y mártir (120–202)
Memoria obligatoria

Ireneo era parte de la colonia cristiana de origen griego de Esmirna, en Asia Menor. Fue alumno de san Policarpo y emigró a Francia, donde tuvo que enfrentarse a diversas herejías, y especialmente a la gnóstica, que propone un dualismo entre cuerpo y alma tan drástico que se llegaba a negar la verdadera humanidad de Cristo. Entre sus obras más importantes hay un tratado contra las herejías, que contiene una presentación sistemática de la fe católica. Alrededor de 177, Ireneo fue nombrado obispo de Lyon, que estaba en aquel momento sufriendo una violenta persecución por parte de Marco Aurelio. Actuó como pacificador en diversas disputas y, haciendo honor a su nombre, promovió la paz. En sus escritos se nota una profunda comprensión de los planes divinos y del misterio de la Iglesia.

Hablando de la fe y el mensaje de la Iglesia, el *Catecismo* cita el tratado de Ireneo contra las herejías: "El mensaje de la Iglesia es, pues, verídico y sólido, ya que en ella aparece un solo camino de salvación a través del mundo entero" (no. 174)**.

---

* San Cirilo de Alejandría, *Commentarius in Lucam*, 22, 19: PG 72, 921B.
** San Ireneo de Lyon, *Adversus haereses*, 5, 20, 1.

29 DE JUNIO
Santos Pedro y Pablo, Apóstoles (†67?)
Solemnidad

Aunque en su día tuvieron diferencias en algunas opiniones, Pedro y Pablo, pilares de la Iglesia, supieron respetarse y trabajar juntos por la edificación de la Iglesia. Los dos sufrieron el martirio en Roma, durante la persecución de Nerón. Pedro, el pescador llamado por Jesús y elegido para pastorear su Iglesia, era un hombre impetuoso y apasionado. Murió crucificado boca abajo, y recientes investigaciones afirman que el martirio ocurrió en la colina del Vaticano, donde más tarde se construiría la basílica de Constantino. Pablo de Tarso era fariseo y perseguidor de los cristianos. Se convirtió después de una experiencia extraordinaria cuando se dirigía a Damasco, que se recoge en Hechos de los Apóstoles. Eran personas muy distintas, y cada uno encontró a Cristo de una manera diferente. Pedro lo conoció en persona durante su vida en la tierra y Pablo, después de la muerte de Jesús, tuvo la experiencia del Cristo vivo.

La profundidad y la pasión de ambos por la persona de Cristo son, sin embargo, comunes a los dos. Su celo por la proclamación del Evangelio los movió a entregar todo lo que tenían y hasta su propia vida para la construcción de la Iglesia. En los Evangelios, Hechos de los Apóstoles y Cartas, se nos dan muchas de sus palabras, que expresan sus personalidades y su amor. Entre las más significativas están las de Pedro respondiendo a las preguntas de Jesús: "Tú lo sabes todo, tú sabes que te amo"*, y las de Pablo** que expresan la profundidad de la identificación de los dos con Cristo.

Los Primeros Santos Mártires de la Iglesia Romana (†64)
Memoria opcional

El gran incendio de Roma, provocado por el propio emperador Nerón, ha sido siempre famoso. En ese momento, utilizado para difamación y persecución del cristianismo, se sitúan numerosísimos martirios de cristianos cuyos nombres no han quedado consignados. Algunos fueron arrojados a las fieras y otros quemados en una pira, como antorchas humanas. La celebración es una ocasión de reflexión sobre el significado del martirio como lucha de Satanás contra Cristo y una manifestación de la victoria de la cruz. Los primeros mártires representan a todos los que sufrieron el martirio en todos los tiempos y todos los que aún hoy día sufren persecución religiosa en diversas partes del mundo.

Por nuestra devoción fraterna por los mártires, somos confirmados en la fe, ya que ellos son para nosotros un signo del Espíritu de Dios. Su ejemplo es de tan gran inspiración para todos, que dice el *Catecismo*: "La Iglesia ha recogido los recuerdos de quienes llegaron hasta el extremo de dar testimonio de su fe. Son las Actas de los Mártires" (no. 2474).

---

* Jn 21:17.
** Gál 2:20.

VIERNES DESPUÉS DEL
SEGUNDO DOMINGO
DESPUÉS DE PENTECOSTÉS
Sagrado Corazón de Jesús
Solemnidad

La difusión de la devoción al Sagrado Corazón de Jesús se debe a santa Margarita de Alacoque, a quien se le apareció Jesús y la invitó a mirar su corazón inflamado en amor por su pueblo, aunque a menudo la respuesta fuera indiferente. También le hizo promesas de consuelo y esperanza para quienes acudieran a su Corazón como refugio. León XIII promulgó la consagración universal al Corazón de Jesús en 1899, y Pío XII insistió en la devoción en su encíclica *Haurietis Aquas*. En muchas ciudades se ha entronizado una imagen del Sagrado Corazón en un lugar alto, donde puede ser vista por todos. En años recientes la Solemnidad se celebra también como día de oración por la santidad de los sacerdotes.

El *Catecismo* dice: "La oración de la Iglesia venera y honra el Corazón de Jesús… adora… a su Corazón que, por amor a los hombres, se dejó traspasar" (no. 2669).

SÁBADO DESPUÉS DEL
SEGUNDO DOMINGO
DESPUÉS DE PENTECOSTÉS
Inmaculado Corazón de María
Memoria obligatoria

La Virgen, que "guardaba todas las cosas en su corazón" (Lc 2:19), es celebrada por la Iglesia como modelo de total unión con Dios. La Iglesia celebra la memoria litúrgica del Corazón Inmaculado de María el día después del Sagrado Corazón de Jesús. La continuidad de ambas celebraciones es en sí misma un signo litúrgico de su íntima conexión: el misterio del Corazón de Jesús se proyecta y reverbera en el Corazón de su Madre, que es también su seguidora y discípula. Después de las apariciones de Fátima en 1917, la devoción al Corazón Inmaculado de María se extendió mucho. En el 25° aniversario de las apariciones (1942), Pío XII consagró la Iglesia y el género humano al Corazón Inmaculado de María y extendió el memorial a toda la Iglesia.

JULIO

San Junípero Serra, presbítero
(1713–1784)
Memoria opcional
[USA]

Siempre quiso ser misionero. Tenía un doctorado en teología y era profesor en la Universidad de Palma de Mallorca, España. Y este sacerdote franciscano por fin alcanzó su sueño de ser enviado a misión. Fue a México en 1749. Desde ahí, a causa de la expulsión de religiosos de México, viajó a California, donde estableció nueve misiones. A pesar de las distancias y de sus dolencias en los pies, recorrió varias veces el territorio de las diócesis, a pie o en mula. Con frecuencia entraba en conflictos con las autoridades por su defensa de los indígenas, a quienes había enseñado a labrar la tierra y diversos oficios. Su predicación era atractiva y muy eficaz, por lo que, para el final de su vida, ascendían a 6,000 los bautizos que había realizado. Fue canonizado durante la visita del Papa Francisco a los Estados Unidos, en 2015.

Junípero respondió con entrega y generosidad a una llamada propia de todos los cristianos, pero en particular de los sacerdotes. Dice el *Catecismo*: "En virtud del sacramento del Orden, los presbíteros participan de la universalidad de la misión confiada por Cristo a los apóstoles" (no. 1565).

2 DE JULIO
Santo Tomás, Apóstol
Fiesta

Aparece en el Evangelio entre los doce, y también tiene el nombre de Dídimo (Mellizo). Hay un momento en que le pregunta a Jesús por el camino y Jesús le contesta diciendo que él es el camino, la verdad y la vida. Lo más conocido sobre él que relata el Evangelio es el episodio de la duda sobre la resurrección de Jesús, al no hallarse presente en el momento de la aparición a los demás. Pero en el siguiente momento, se le ve reconociendo a Cristo como Dios mismo y Señor, con una confesión de fe profunda y apasionada. Predicó el Evangelio en India, donde es altamente honrado por los católicos, que se llaman a sí mismos "católicos de santo Tomás", y fue mártir por su fe.

Dudar es algo muy humano. A veces es la razón la que domina e impone. Pero, como a Tomás, lo que convence es una experiencia de encuentro personal con Cristo. Hablando de los apóstoles y su fe en la resurrección, dice el *Catecismo*: "Su fe en la Resurrección nació—bajo la acción de la gracia divina—de la experiencia directa de la realidad de Jesús resucitado" (no. 644).

4 DE JULIO
Día de la Independencia de los Estados Unidos [USA]

Todo pueblo busca su propia identidad e independencia de poderes de otras tierras. Con una declaración de afirmación de dignidad como pueblo, los Estados Unidos declararon su independencia de Gran Bretaña en 1776. Lo que se celebra en este día es el deseo de libertad, que es una aspiración universal, al mismo tiempo que se ora por que la nación sea siempre un espacio de libertad y de justicia.

El *Catecismo* afirma la condición de la verdadera libertad: "No hay verdadera libertad sino en el servicio del bien y de la justicia" (no. 1733).

5 DE JULIO
San Antonio María Zacarías, presbítero (1502–1539)
Memoria opcional

A veces Dios cambia los planes de las personas. Esto le sucedió a Antonio, un joven que había sido educado cristianamente por su madre, viuda, y había decidido estudiar y practicar la medicina en su ciudad natal, Cremona, en Italia. Pero Dios lo llamó y empezó a prepararse para el sacerdocio. En 1530 fundó una sociedad laica llamada de la Eterna Sabiduría, y luego, con algunos de los miembros, comenzó la Congregación de Clérigos de San Pablo, que tenía como fines la reforma del clero y de la Iglesia. Con la ayuda de una mujer de la nobleza, fundó también una congregación de mujeres. Es otro de los grandes santos de la Contrarreforma que, en tiempos de gran dificultad, inspiraron a muchos a la fidelidad a la verdad.

Aunque sus planes no eran inicialmente lo que luego descubrió como voluntad de Dios, fue obediente a la sabiduría creadora de Dios, como dice el *Catecismo*: "Creemos que [el mundo] procede de la voluntad libre de Dios que ha querido hacer participar a las criaturas de su ser, de su sabiduría y de su bondad" (no. 295).

(EL MISMO DÍA)
Santa Isabel de Portugal (1271–1336)
Memoria opcional [USA]

Fue reina de Portugal, y muy conocida por su fe en medio de toda clase de problemas sociales y familiares, así como por su cuidado de los pobres. Fue, además, notable por su trabajo de reconciliación y mediación de conflictos. Era hija de Pedro III de Aragón y sobrina de santa Isabel de Hungría. A los 12 años la casaron con Dionisio, rey de Portugal, con quien tuvo dos hijos. Tuvo que sufrir la infidelidad de su esposo, y las peleas por el trono entre éste y su hijo. La acusaron de incitar a su hijo contra su padre y fue exiliada. A su regreso reconcilió a los dos, y pudo también impedir la guerra entre Fernando IV de Castilla y Jaime II de Aragón. A la muerte de Dionisio, Isabel se hizo terciaria franciscana. Fundó un hospital y un hogar para niñas, un orfanato y un monasterio de clarisas.

No es fácil mantener la paz interior en medio de tanta dificultad y persecución personal. Es uno de los frutos del Espíritu Santo, como afirma el *Catecismo*: "El que nos ha injertado en la Vid verdadera hará que demos 'el fruto del Espíritu que es caridad, alegría, paz, paciencia, afabilidad, bondad, fidelidad, mansedumbre, templanza'*" (no. 736).

---

* Gál 5:22-23.

6 DE JULIO
Santa María Goretti, virgen y mártir (1890–1902)
Memoria opcional

Sólo contaba 12 años de edad cuando murió defendiendo su virginidad. María procedía de una humilde familia italiana y había quedado huérfana de padre siendo muy pequeña. Para ayudar a su madre, cuidaba de sus hermanos pequeños, y de los niños vecinos. Un joven vecino suyo, mayor que ella, quería tener relaciones sexuales con ella y varias veces se insinuó, pero ella se negó. Entonces él la amenazó con matarla, y la siguiente vez que lo intentó y ella se negó, la apuñaló. Antes de morir, María perdonó al muchacho, que años más tarde, estando en la cárcel, se arrepintió. Estuvo sentado al lado de la madre de María en la canonización de la joven.

En unos tiempos en que la virginidad no está tan valorada en la sociedad, María da ejemplo de rectitud y defensa de la verdad. Como dice el *Catecismo*: "La pureza nos concede ver según Dios… nos permite considerar el cuerpo humano, el nuestro y el del prójimo, como un templo del Espíritu Santo, una manifestación de la belleza divina" (no. 2519).

San Agustín Zhao Rong, presbítero y compañeros, mártires (†1648/1930)
Memoria opcional

A causa de diversas persecuciones religiosas a lo largo de tres siglos, murieron en China 120 personas que han sido reconocidas como santos en un solo grupo. 87 de ellos eran chinos, y provenían de todo tipo de estilo de vida—niños, padres, catequistas, trabajadores—y de todas las edades, de entre los 9 nueve y los 72 años. Entre los 120 se encuentran también cuatro sacerdotes diocesanos chinos y 33 sacerdotes extranjeros de diversas congregaciones religiosas: dominicos, de las Misiones Extranjeras de París, frailes franciscanos menores, jesuitas, salesianos y franciscanos misioneros de María. Agustín era un soldado chino que había acompañado a un obispo francés a su muerte. Se convirtió entonces al cristianismo, fue bautizado, y algunos años más tarde fue ordenado sacerdote. Recibió el martirio en 1815.

Este grupo es aliento y ejemplo para todos los que siguen a Cristo en un país mayoritariamente hostil a la fe, y en particular a la fe católica. Como nos dice el *Catecismo*: "El mártir da testimonio de Cristo, muerto y resucitado, al cual está unido por la caridad. Da testimonio de la verdad de la fe y la doctrina cristiana" (no. 2473).

11 DE JULIO
San Benito, abad (480–547)
Memoria obligatoria

De familia italiana y hermano de santa Escolástica, estudió en Roma. Después de experimentar diversas formas de monasticismo, vivió como ermitaño por un tiempo. Atrajo hacia sí a muchos seguidores, y pronto había a su alrededor toda una colonia de monjes. Entonces fue a Montecasino, donde estableció un monasterio y escribió la Regla que ha dirigido la vida monástica durante siglos. El núcleo de la Regla se resume en las conocidas palabras "Ora et labora" (Reza y trabaja). Benito es conocido como uno de los grandes padres del monasticismo. Los innumerables monjes que han vivido su Regla a lo largo de los siglos jugaron un papel de primera importancia en la construcción y mantenimiento de la civilización occidental.

Es conocido demás por su amor y relación personal con Cristo, su humildad y su prudencia. El *Catecismo* cita la Regla diciendo: "Nada se anteponga a la dedicación a Dios… indicando así el recto orden de las preocupaciones humanas" (no. 347).

13 DE JULIO
San Enrique (973–1024)
Memoria opcional

Enrique II venía de una familia noble muy devota, entre cuyos miembros se encontraban obispos, monjes y santos. Enrique era duque de Bavaria y fue luego emperador de Alemania. Era un militar muy hábil, pero, sobre todo, un prudente gobernante. Casado con Cunegunda, no tuvo hijos, y se dice que ambos vivían en castidad y dedicados a la oración. Muy celoso de la reforma de la Iglesia, trabajó con el Papa Benedicto VIII por la Iglesia y la evangelización.

Se distingue por el intenso amor por la Iglesia, al que todos estamos llamados, según lo describe el *Catecismo*: "un verdadero espíritu filial con respecto a la Iglesia. Es el desarrollo normal de la gracia bautismal, que nos engendró en el seno de la Iglesia y nos hizo miembros del Cuerpo de Cristo" (no. 2040).

14 DE JULIO
Santa Kateri Tekakwitha, virgen (1656–1680)
Memoria obligatoria [USA]

Hija de padre mohawk y madre algonquina, quedo huérfana por una epidemia de viruela que a ella le dejó también el rostro desfigurado. Vivía con su tío en la tribu Mohawk y allí conoció a jesuitas y se convirtió al cristianismo. Recibió instrucción y fue bautizada en 1676. Los demás miembros de la tribu se oponían a su fe, y un misionero jesuita le aconsejó que huyera a otro poblado indígena donde pudiera practicar su religión libremente. Allí, con ayuda de otro misionero y una anciana cristiana, llevó una vida de austeridad y caridad. Hizo voto de virginidad cuando en su cultura no era costumbre ni estaba bien considerado.

Los pobladores a veces la hostigaban por sus prácticas, pero convenció con paciencia y mansedumbre, y propagando su fe por medio de catequesis con niños, y llegaron a llamarla "Lirio de los Mohawks". Hablando del espíritu de oración, que distinguió a Kateri, el *Catecismo* dice: "El corazón... es el lugar de la verdad, allí donde elegimos entre la vida y la muerte. Es el lugar de encuentro, ya que, a imagen de Dios, vivimos en relación" (no. 2563).

15 DE JULIO
San Buenaventura, obispo y doctor de la Iglesia (1217/18–1274)
Memoria obligatoria

Buenaventura era fraile franciscano, profesor de la Universidad de París, y ministro general de los franciscanos. Revisó y promulgó sus constituciones y se dedicó con prudencia a mantener la paz entre los diversos grupos franciscanos. Rechazó el nombramiento como obispo de York, en Inglaterra, pero por fin el Papa Gregorio X lo convenció de que aceptara ser obispo de Albano, en Italia y cardenal. Preparó el segundo Concilio de Lyon, que buscaba la reconciliación con la Iglesia oriental.

Buenaventura es conocido por ser un hombre callado, pero de enseñanzas muy profundas. Su lema era: "Todo honor y gloria sólo a Dios". El *Catecismo* habla de la capacidad humana de conocer los Diez Mandamientos, preceptos y leyes por nuestra propia razón, y cita la enseñanza de Buenaventura explicando por qué Dios nos los reveló: "En el estado de pecado, una explicación plena de los mandamientos del Decálogo resultó necesaria a causa del oscurecimiento de la luz de la razón y de la desviación de la voluntad" (no. 2071)*.

16 DE JULIO
Bienaventurada Virgen María del Carmen

El monte Carmelo, en Palestina, es el lugar donde tradicionalmente se cree que vivía el profeta Elías. Más tarde, se convirtió en el hogar de ermitaños, que pasarían a ser conocidos a principios del siglo XIII como carmelitas. En el año 1251, el fraile inglés san Simón Stock tuvo una aparición de la Virgen en la que ésta le entregó el escapulario del Carmen para la Orden Carmelitana. La fiesta de hoy se introdujo en el calendario en el siglo XIV, en conmemoración de la aprobación de la Regla Carmelita. Desde 1785, Nuestra Señora del Carmen es patrona de Chile y de la gente del mar, marineros y pescadores.

De la contemplación, que es fuente de la espiritualidad de frailes y monjas carmelitas, dice el *Catecismo*: "Muchos religiosos han consagrado y consagran toda su vida a la oración… a la alabanza de Dios y a la intercesión por su pueblo" (no. 2687).

---

* San Buenaventura, *In libros sententiarum*, 4, 37, 1, 3.

18 DE JULIO
San Camilo de Lelis, presbítero (1550–1614)
Memoria opcional
[USA]

Camilo tuvo una juventud turbulenta. De familia italiana noble, entró en el ejército y sirvió en España y Venecia. Era un jugador empedernido y andaba en malas compañías. Pero su estancia como paciente en un hospital de Roma le dio tiempo para reflexionar. Se alarmó de ver el mal trato que se daba a los pacientes y a los 25 años experimentó una conversión y decidió dedicar su vida a cuidar a los enfermos. Creó la Comunidad de Clérigos Regulares, que también asociaba a laicos, y dedicó a los sacerdotes a proporcionar asistencia espiritual a los enfermos, mientras los laicos se ocupaban de la corporal. Camilo era el superior de la comunidad, pero hubo problemas internos y Camilo renunció, dedicándose exclusivamente al cuidado de los enfermos.

Su pronto y apasionado seguimiento de Cristo Médico es ejemplo de lo que dice el *Catecismo*: "Cristo invita a los discípulos a seguirle… les hace participar de su ministerio de compasión y curación" (no. 1506).

20 DE JULIO
San Apolinar, obispo y mártir
Memoria opcional

Apolinar, nacido en Antioquía, fue el primer obispo de Ravena. Apolinar tenía mucho éxito en su predicación y despertó gran hostilidad entre los paganos, que lo enviaron al exilio una y otra vez. En uno de sus regresos a Ravena, lo torturaron terriblemente y lo expulsaron a Grecia, pero ahí tampoco lo aceptaron y lo enviaron de regreso a Italia. Cuando el emperador Vespasiano expulsó a los cristianos del imperio, Apolinar fue golpeado brutalmente y murió. Esto ocurrió probablemente al final del siglo II, aunque algunas tradiciones afirman que fue enviado a Ravena por el propio san Pedro.

Ser obstinado no siempre es una virtud, pero sí cuando se trata de defender la fe en Cristo y su verdad. Apolinar da testimonio de esto y anima a los cristianos a la esperanza perseverante, como dice el *Catecismo*: "En toda circunstancia, cada uno debe esperar, con la gracia de Dios, perseverar hasta el fin" (no. 1821).

21 DE JULIO
San Lorenzo de Brindisi, presbítero y doctor de la Iglesia (1559–1619)
Memoria opcional

Se llamaba Giulio Cesare Russi; era italiano y estudió en Padua, llegando a hablar griego, sirio y hebreo. Al ingresar en los franciscanos capuchinos, tomó el nombre de religión de Lorenzo. Era un gran predicador, pero fue nombrado provincial sucesivamente de varias provincias capuchinas y tuvo que ocuparse de otros asuntos. Se conservan sus obras teológicas en 15 volúmenes. El emperador Rodolfo II lo envió a pedir la ayuda de los príncipes alemanes en los conflictos con los turcos. Lorenzo no sólo obtuvo apoyo, sino que salió con las tropas como capellán, armado únicamente con su crucifijo. Más tarde fue superior general de la Orden. La muerte lo sorprendió cuando se dirigía a la corte de Felipe III de España a abogar por el pueblo oprimido en Nápoles.

San Lorenzo de Brindisi destaca por su prudencia en sus tratos con poderes políticos, así como en diálogos ecuménicos. De la prudencia nos dice el *Catecismo*: "Es la prudencia quien guía directamente el juicio de conciencia. El hombre prudente decide y ordena su conducta según este juicio" (no. 1806).

22 DE JULIO
Santa María Magdalena
Fiesta

María, de la ciudad de Magdala, que está cerca del lago de Galilea, fue una ardiente seguidora de Jesús y aparece en varios pasajes del Evangelio, aunque su identidad ha sido a veces discutida por los teólogos, que se preguntan si la misma María es la de Magdala y la de Betania. Lo que sí se conoce con certeza es que fue la primera en anunciar la Resurrección de Cristo.

Su amor apasionado por Él, su perseverancia en la búsqueda y su profesión de fe en la divinidad de Cristo son sus marcas distintivas. El *Catecismo* se refiere a ella: "María Magdalena y las santas mujeres, que iban a embalsamar el cuerpo de Jesús… fueron las primeras mensajeras de la Resurrección de Cristo para los propios apóstoles" (no. 641).

23 DE JULIO
Santa Brígida, religiosa (1303–1373)
Memoria opcional

Brígida, santa sueca, se casó a los 14 años y tuvo ocho hijos; una de ellas, Karin, está también canonizada. Brígida fue dama de compañía en la corte del rey Magnus e intentó, sin éxito, moderar los excesos de los reyes. Tuvo revelaciones privadas e hizo una peregrinación a Compostela, la tumba del Apóstol Santiago, con su esposo. Al regresar, ambos decidieron marchar al monasterio y dedicarse a la vida ascética y de oración. Brígida fue fundadora de un monasterio "doble", es decir, con los hombres en un edificio y las mujeres en otro, pero con regla y oración común. Desde ahí, Brígida trabajó para que el Papa regresara de Avignon a Roma. Es patrona de Suecia.

Su amor por la Pasión de Cristo anima a la contemplación de este misterio que lleva a la santidad de vida, como dice el *Catecismo*: "El camino de la perfección pasa por la cruz. No hay santidad sin renuncia y sin combate espiritual" (no. 2015).

24 DE JULIO
San Chárbel Makhlüf, presbítero (1828–1898)
Memoria opcional

Era de rito maronita, de Líbano, y fue criado por un tío al quedar huérfano a los tres años. Ingresó en el monasterio de Nuestra Señora del Líbano y después de su noviciado hizo los votos y tomó el nombre de Chárbel en honor de un mártir del siglo II. Fue ordenado sacerdote y ejerció su ministerio fielmente, pero se sentía llamado a la contemplación y por eso se hizo ermitaño. Vivió 23 años en soledad y abandono en Dios, en ayuno y adoración del Santísimo Sacramento. De vez en cuando iba a administrar los sacramentos en pueblos cercanos. Después de su muerte se habló de muchos milagros y muchos peregrinos acudieron, y siguen acudiendo a su tumba.

De san Chárbel, además de la contemplación, destaca su pureza de intención, es decir, un corazón sin divisiones, entregado a Dios totalmente. El *Catecismo* dice: "La pureza de corazón es el preámbulo de la visión" (no. 2519).

25 DE JULIO
Santiago, Apóstol
Fiesta

Era uno de los hijos del Zebedeo, testigo de muchas acciones de Jesús y de sus milagros. El Evangelio lo presenta en varios pasajes como alguien impetuoso y ambicioso, pero dulcificado después de la experiencia de la Resurrección de Jesús, e impulsado valerosamente a la misión. Conocido como Santiago el Mayor, es el único apóstol cuyo martirio ha quedado consignado en la Escritura. Hechos de los Apóstoles nos dice que el rey Herodes ordenó su ejecución a espada (He 12:1-2). Enterrado en Jerusalén, se dice que sus reliquias fueron llevadas a Compostela, España, lugar que a través de los siglos ha sido centro de peregrinaciones. Su fiesta se celebra desde el siglo VIII.

Cercano e íntimo a Jesús, Santiago es ejemplo del conocimiento amoroso de un encuentro personal con Cristo del que habla el *Catecismo*, que impulsa a la proclamación: "La transmisión de la fe cristiana es ante todo el anuncio de Jesucristo para conducir a la fe en Él" (no. 425).

26 DE JULIO
Santos Joaquín y Ana, padres de la Bienaventurada Virgen María
Memoria obligatoria

En la Escritura no se encuentran detalles de la vida de quienes debieron de ser los padres de María. Hay únicamente algunos relatos apócrifos. Pero, en continuidad con el plan de salvación, es lógico pensar que los padres de María eran personas devotas y fieles a su fe. La fiesta se celebra desde el siglo XIII, pero no apareció en el Misal Romano hasta 1505. En la Iglesia de rito oriental se celebra el 9 de septiembre, festividad del Nacimiento de María.

María fue parte de una familia humana, donde Dios escogió enviar a su Hijo para encarnarse. Esta familia debió de haber sido ejemplo de lo que nos dice el *Catecismo*: "La familia cristiana es una comunión de personas, reflejo e imagen de la comunión del Padre y del Hijo en el Espíritu Santo. Su actividad procreadora y educativa es reflejo de la obra creadora de Dios" (no. 2205).

29 DE JULIO
Santa Marta
Memoria obligatoria

Lázaro y María, hermanos de Marta, están mencionados en el Martirologio Romano en este día, pero Marta es la única cuya fiesta aparece en el calendario litúrgico. Aunque lo más conocido de ella en el Evangelio sea la escena en que Jesús le dice que se ocupa de demasiadas cosas, el mensaje que se nos da es que tanto oración como acción tienen un papel y un equilibrio en la vida de los seguidores de Cristo. Su confesión de fe en Cristo como Mesías en el momento de la resurrección de Lázaro es su mensaje más fuerte.

Las acciones de Cristo, como reconoció Marta, demostraban su naturaleza. Dice el *Catecismo*: "A lo largo de toda su vida, sus actos de dominio sobre la naturaleza, sobre las enfermedades, sobre los demonios, sobre la muerte y el pecado, demostraban su soberanía divina" (no. 447).

30 DE JULIO
San Pedro Crisólogo, obispo y doctor de la Iglesia (380–451)
Memoria opcional

Nacido en Italia, fue obispo de Ravena, una importante sede, ya que era ciudad imperial. Tuvo mucha relación con diversos obispos, incluyendo una gran amistad con san Germán de Auxerre, y con san León Magno. Es llamado "crisólogo", que significa "palabra de oro", por sus extraordinarios dones de predicación, en la que llevaba el mensaje del Nuevo

Testamento a la vida del pueblo sencilla y brevemente, pero también con gran profundidad teológica. Animaba a la comunión frecuente y fue un gran defensor de la primacía de la Iglesia de Roma.

El *Catecismo* cita algunos de sus sermones y especialmente significativa es la cita sobre la Eucaristía: "Cristo mismo es el pan que, sembrado en la Virgen, florecido en la Carne, amasado en la Pasión, cocido en el Horno del sepulcro, reservado en la Iglesia, llevado a los altares, suministra cada día a los fieles un alimento celestial" (no. 2837).

31 DE JULIO
San Ignacio de Loyola, presbítero (1491–1556)
Memoria obligatoria

Nacido en el castillo de Loyola, al norte de España, era el más joven de 11 hijos. Fue militar, pero, herido en la batalla de Pamplona, quedó permanentemente lisiado de una pierna. Durante su convalecencia en el castillo de su padre, leyó la vida de Cristo, de Rodolfo de Sajonia, y muchas vidas de santos. Esto le llevó a una profunda conversión y a decidir dedicar su vida a Dios. Tuvo una visión de la Virgen y acudió al Santuario de Montserrat y luego se retiró en Manresa, donde escribió los Ejercicios Espirituales, que han sido de tanta influencia para la vida espiritual de millones de católicos. En la fiesta de la Asunción de 1534 reunió en torno a sí en París a un grupo de amigos, en lo que sería la Compañía de Jesús (ahora conocidos como jesuitas). Los jesuitas han tenido una enorme influencia en la vida de la Iglesia, tanto en la espiritualidad, como en la apertura de escuelas y universidades por todo el mundo, y en obras misioneras. La Compañía ha dado abundantes frutos de santidad en sus numerosos santos canonizados.

Para san Ignacio, el centro y objetivo de toda la vida era, llegando al conocimiento del Señor, dar gloria a Dios con todas las acciones y palabras. El *Catecismo* cita sus Ejercicios Espirituales: "La contemplación dirige también su mirada a los misterios de la vida de Cristo. Aprende así 'el conocimiento interno del Señor' para más amarle y seguirle" (no. 2715).

AGOSTO

San Alfonso María Ligorio, obispo y doctor de la Iglesia (1696–1787)
Memoria obligatoria

Alfonso era un hombre muy inteligente que consiguió un doctorado en Derecho Civil y Canónico a los 17 años. Pero tuvo un fracaso bastante fuerte en uno de sus juicios y esto lo obligó a considerar su vida en otra perspectiva. Abandonó la práctica y también la idea de formar una familia y tener una vida cómoda. Entró en el seminario y se unió a una sociedad de sacerdotes diocesanos misioneros. A los 33 años fue nombrado capellán de la escuela de formación de misioneros. Ayudó también en la formación espiritual de una congregación de religiosas, que lo consideran su verdadero fundador y que ahora son conocidas como Hermanas Redentoristas. También estableció una congregación de misioneros para zonas rurales, y así nació la Congregación del Santísimo Redentor (conocidos como Redentoristas). Tuvo muchos conflictos, tanto externos como desde dentro de la congregación, y sufrió una fuerte noche oscura. Escribió muchas obras de teología moral y un Viacrucis popular que está muy extendido. Aceptó su nombramiento como obispo tras algo de resistencia. Es doctor de la Iglesia y patrón de los teólogos morales.

Parece que la vida de Alfonso fue una renuncia continua, y también una escucha a la voluntad de Dios en los distintos momentos y circunstancias de su vida, incluso cuando parece que Dios guarda silencio. El *Catecismo* cita a san Alfonso sobre su convencimiento de la necesidad de la oración y es un resumen de su pensamiento moral: "Quien ora se salva ciertamente, quien no ora se condena ciertamente" (no. 2744).

2 DE AGOSTO
San Eusebio de Vercelli, obispo (283–371)
Memoria opcional

Estuvo entre los primeros obispos que animaron a la práctica de la vida comunitaria y monástica. Fue perseguido por los arrianos y exiliado por negarse a firmar un documento en que se condenaba a san Atanasio como hereje. En su exilio, viajó a Palestina, Egipto, Alejandría y Antioquía predicando el Evangelio y manteniendo la sana doctrina.

Eusebio es ejemplo de fiel y firme testimonio de su fe. El *Catecismo* afirma: "El oficio de interpretar auténticamente la Palabra de Dios ha sido confiado únicamente al Magisterio de la Iglesia, al Papa y a los obispos en comunión con él" (no. 100).

(EL MISMO DÍA)
San Pedro Julián Eymard, presbítero (1811–1868)
Memoria opcional

Tuvo un camino muy difícil en la vida. Deseaba mucho ser sacerdote, pero inicialmente su padre se opuso a su vocación sacerdotal. Luego cayó enfermo y su entrada en el seminario se retrasó. Tuvo luchas internas contra una espiritualidad que se centraba en la culpabilidad humana y la falta de mérito para estar en la presencia de Dios, pero se mantuvo siempre fiel a la doctrina católica y evitó caer en extremismos. Entró en la Congregación de los Hermanos Maristas y ahí profundizó en la devoción eucarística y mariana. Siempre sentía el deseo de estar en contemplación. Fundó la Congregación del Santísimo Sacramento, cuyo principal carisma era la preparación de adultos y de jóvenes trabajadores para la primera comunión. Más tarde, tuvo conflictos de relación, económicos y de agotamiento físico.

La fuerte devoción eucarística es lo más característico de la herencia de Pedro Julián, pero también es muy fuerte su espíritu de reparación por los pecados personales y del mundo. De esta espiritualidad habla el *Catecismo*: "La conversión y la penitencia diarias encuentran su fuente y su alimento en la Eucaristía, pues en ella se hace presente el sacrificio de Cristo que nos reconcilió con Dios" (no. 1436).

4 DE AGOSTO
San Juan María Vianney, presbítero (1786–1859)
Memoria obligatoria

Nació de familia pobre en los tiempos de la persecución religiosa de la Revolución francesa. Se le hacía muy difícil el trabajo académico, pero, con perseverancia, al fin consiguió ser ordenado sacerdote. Fue asignado a la parroquia de la remota aldea rural de Ars, en el sureste de Francia. A su llegada, se encontró una población con una gran indiferencia religiosa y hostilidad a lo católico. Poco a poco, por la oración, la penitencia, su mansedumbre y su predicación sincera, logró que casi todo el pueblo viviera una profunda conversión. Él sentía la llamada de dedicarse totalmente a la contemplación, pero sus feligreses se oponían totalmente. Es sobre todo conocido por su ministerio en el confesonario, que atraía a multitudes y por su misericordia para con los penitentes a los que acercaba suavemente a Dios. Fue perseguido y víctima de calumnias y envidias, a veces incluso por otros sacerdotes, y se dice que fue fuertemente acosado por el demonio que estaba enojado por las conversiones que se iban logrando por medio de su ministerio de reconciliación.

La vida de Juan invita a todos a considerar que la santidad no se trata de todo lo que se sepa o se tenga, sino de la sinceridad y transparencia de vida. El santo cura de Ars es patrón de los párrocos. El *Catecismo* cita sus bellas palabras sobre el sacerdocio: "El sacerdocio… es el amor del corazón de Jesús" (no. 1589).

5 DE AGOSTO
Dedicación de la Basílica de Santa María la Mayor
Memoria opcional

Según una antigua leyenda, la propia Virgen inspiró la construcción de la iglesia por medio de un sueño que tuvieron la misma noche un hombre noble de la ciudad y el Papa Liberio. A la mañana siguiente, 5 de agosto, la colina del Esquilino apareció cubierta de nieve—un caso extrañísimo en Roma en verano—y esto se interpretó como señal de que ése era el lugar donde se tendría que construir la iglesia dedicada en honor a la Virgen. La devoción más enfatizada en este lugar es a la Maternidad de María. Es la iglesia más antigua dedicada a María en el Occidente.

El *Catecismo* habla de la Maternidad de María, que se extiende a toda la Iglesia: "Desde el consentimiento dado por la fe en la Anunciación y mantenido sin vacilar al pie de la cruz, la maternidad de María se extiende definitivamente a los hermanos y hermanas de su Hijo" (no. 2674).

6 DE AGOSTO
Transfiguración del Señor
Fiesta

La fiesta de la Transfiguración del Señor, es decir, su transformación gloriosa frente a sus discípulos, que es anuncio de su victoria, se celebraba en la Iglesia desde muy antiguo.

Describiendo este acontecimiento, el *Catecismo* incluye una explicación de su significado en una oración que se encuentra en la liturgia bizantina: "Tú te has transfigurado en la montaña, y en la medida en que ellos eran capaces, tus discípulos han contemplado tu Gloria, oh Cristo Dios, a fin de que cuando te vieran crucificado comprendiesen que tu Pasión era voluntaria y anunciasen al mundo que Tú eres verdaderamente la irradiación del Padre" (no. 555)*.

7 DE AGOSTO
San Sixto II, Papa y compañeros, mártires (†258)
Memoria opcional

No se tienen muchos datos sobre san Sixto, pero sí se sabe que, como Papa, había combatido la práctica de un segundo bautismo de herejes arrepentidos y deseosos de regresar a la Iglesia. Conocemos la fecha de su martirio por una carta de san Cipriano, también martirizado en 258. Durante la persecución del emperador Valeriano, estaba prohibido reunirse en cementerios y, para los cristianos, los lugares de enterramiento en aquel tiempo eran las catacumbas. Sixto estaba celebrando Misa en una catacumba cuando fue martirizado. Cuatro diáconos fueron martirizados con él.

Sixto defendió la doctrina católica auténtica sobre el sello indeleble e irrepetible del Bautismo. Esto está explicado en el *Catecismo*: "Dado una vez por todas, el Bautismo no puede ser reiterado" (no. 1272).

---

* Liturgia bizantina, *Kontakion* de la Fiesta de la Transfiguración.

(EL MISMO DÍA)
San Cayetano, presbítero (1480–1547)
Memoria opcional

De una familia aristocrática de Vicenza, Italia, estudió Derecho Canónico y fue nombrado secretario del Papa Julio II. Mientras estaba en este puesto, fue ordenado sacerdote y permaneció en Roma durante 13 años. Luego entró en la Compañía del Divino Amor, una asociación dedicada a obras de caridad para con los enfermos pobres. Algo más tarde volvió a Vicenza a cuidar a su madre enferma y allí fue rector de la Iglesia de Santa María. A su regreso a Roma, fundó un instituto de Clérigos Regulares, conocidos como Teatinos, cuya principal misión era la predicación, celebración de los sacramentos y celebración de la liturgia. Cayetano fue asignado a Venecia a combatir el luteranismo, y más tarde a Nápoles como superior. Cayetano fue una gran inspiración para otros muchos santos, tales como Jerónimo Emiliani, Camilo de Lelis e Ignacio de Loyola.

Cayetano llevó a cabo su apostolado respondiendo a los distintos momentos y las llamadas de Dios, y fue fiel en diversas circunstancias y siempre regido por la caridad. Dice el *Catecismo*: "Según sean las vocaciones, las interpretaciones de los tiempos, los dones variados del Espíritu Santo, el apostolado toma las formas más diversas. Pero es siempre la caridad" (no. 864).

8 DE AGOSTO
Santo Domingo de Guzmán, presbítero (1170–1221)
Memoria obligatoria

Nacido en España, se ordenó sacerdote y viajó a Dinamarca. En el viaje, se encontró con muchas personas convencidas de diversas herejías, así que comenzó a predicar. Fundó un monasterio de monjas de clausura que apoyaba el ministerio con la oración y luego la Orden de Frailes Predicadores, que adoptó la Regla de san Agustín, con énfasis en la pobreza personal y comunitaria, la predicación y el estudio. La meta era la salvación de las almas por medio de la predicación. La Orden de Predicadores, con una gran extensión por todo el mundo, ha producido innumerables santos y ha tenido una enorme influencia en la vida de la Iglesia.

El *Catecismo* cita a santo Domingo según el testimonio recogido en su lecho de muerte, en la que habla de la protección de los santos desde el cielo: "os seré más útil después de mi muerte y os ayudaré más eficazmente que durante mi vida" (no. 956).*

---

*   Santo Domingo de Guzmán, moribundo, a sus hermanos. Cf. Jordán de Sajonia, *Libellus de principiis Ordinis praedicatorum*, 93.

9 DE AGOSTO
Santa Teresa Benedicta de la Cruz, virgen y mártir (1891–1942)
Memoria opcional

Nacida Edith Stein, era de una familia judía de Breslau, Alemania (lo que hoy es Wroclaw, Polonia). Era una persona intelectual, profesora de filosofía de la universidad, y autora de 17 volúmenes de escritos de pensamiento filosófico. La lectura de la vida de santa Teresa de Jesús la llevó a la conversión al cristianismo. La incipiente persecución nazi le quitó su puesto de profesora por sus orígenes judíos. Edith ingresó en el Carmelo en Alemania y tomó como nombre de religión Teresa Benedicta. A causa de la persecución, fue enviada a Holanda. Sin embargo, en venganza contra los obispos holandeses que habían denunciado el nazismo, todos los judíos convertidos al cristianismo fueron arrestados y Teresa y su hermana Rosa, también convertida al catolicismo, fueron arrestadas y enviadas a Auschwitz, el famoso campo de exterminio. Teresa Benedicta murió allí.

El testimonio de Teresa Benedicta es de integridad y búsqueda de la verdad. Nunca dejó de amar a su pueblo judío, pero descubrió la plena revelación de la verdad en la Iglesia Católica. Como dice el *Catecismo*: "Dios se ha revelado plenamente enviando a su propio Hijo, en quien ha establecido su alianza para siempre" (no. 73).

10 DE AGOSTO
San Lorenzo, diácono y mártir (†258)
Fiesta

Era un diácono de Hispania, llamado por el Papa a Roma, y es conocido por su enorme generosidad para con los pobres. Se cuenta que fue llamado por el emperador para que presentara los tesoros de la Iglesia, y que Lorenzo regresó con los pobres de la ciudad. Fue arrestado y condenado a muerte cuatro días después del martirio de Sixto II y sus compañeros. Su ejecución fue en las brasas, a diferencia de la costumbre romana de ese tiempo en que las ejecuciones eran por decapitación. Años después el emperador Constantino ordenó que se edificara una basílica sobre su tumba, que es una de las siete iglesias mayores de Roma. Fue uno de los santos más venerados en Roma y en España, y se le nombra en el Canon de la Misa.

Lorenzo cumplió fielmente su misión como diácono, de la que nos dice el *Catecismo:* "Los diáconos son ministros ordenados… la ordenación les confiere funciones importantes… de la palabra, del culto divino, el gobierno pastoral y del servicio de la caridad" (no. 1596).

11 DE AGOSTO
Santa Clara, virgen (1193/94–1253)
Memoria obligatoria

Joven de una familia aristocrática de Asís, había visitado varias veces a Francisco y se había decidido a seguir a Cristo de la misma manera que él. Ante la oposición de sus padres, se escapó de casa y fue a la capilla donde se encontraba Francisco para que éste recibiera sus votos, y entró en un convento benedictino. Más tarde se le unieron su hermana, otras mujeres, y su propia madre, y así comenzaron las franciscanas de clausura, que ahora se conocen como clarisas. Se dedicaron totalmente a la oración. Francisco les proporcionó una casa junto a la iglesia de san Damiano, y nombró a Clara abadesa, cargo que ocupó durante 40 años, aunque los últimos 29 estuvo constantemente enferma.

Las religiosas vivían en una gran austeridad y pobreza, pero también con una gran alegría. Clara había obtenido del Papa el "privilegio de no tener privilegios". Vivió lo que nos dice el *Catecismo*: "El Reino pertenece a los pobres y a los pequeños, es decir, a los que lo acogen con un corazón humilde" (no. 544).

12 DE AGOSTO
Santa Juana Francisca de Chantal, religiosa (1572–1641)
Memoria opcional

Francesa, de una familia de políticos, se casó con el barón de Chantal, con quien tuvo un matrimonio feliz y cuatro hijos. El barón murió en un accidente, cuando Juana sólo tenía 28 años. Juana hizo entonces un voto de castidad y buscó un director espiritual. En una visita a su padre, conoció a san Francisco de Sales y se puso bajo su guía espiritual. Cuando estuvo segura de que sus hijos ya estaban encaminados en la vida y bien cuidados, fundó la Congregación de la Visitación junto con Francisco de Sales. Su objetivo era recibir a jóvenes y niñas e incluso a viudas que expresaran un deseo de mantener la voluntad unida a la de Dios. La Congregación creció rápidamente y para cuando murió Juana Francisca, ya tenía 86 casas. Era una persona de gran firmeza y vigor, pero al mismo tiempo muy sensible. Tuvo muchas luchas interiores, que sobrellevó con ánimo y un gran espíritu de oración.

Su vida de oración nos habla de una unión profunda e inquebrantable con Cristo, que da frutos abundantes. Sin la unión con la Vid, no se puede hacer nada, como enseña el *Catecismo*: "aquellos a quienes Jesús envía no pueden hacer nada sin Él*, de quien reciben el encargo de la misión y el poder para cumplirla" (no. 859).

13 DE AGOSTO
Santos Ponciano, Papa e Hipólito, presbítero (†235)
Memoria opcional

Exiliados de Roma por el emperador Maximino, fueron condenados a trabajos forzados en las canteras. Hipólito era un hombre de mucha edad y un teólogo muy importante de la primitiva Iglesia. Se había enfrentado al Papa Calixto, así como a varios obispos, por distintas opiniones sobre la reconciliación, porque erróneamente creía que la apostasía en medio de la persecución no podía ser perdonada y los apóstatas no podrían ser readmitidos en la Iglesia si se arrepentían. En su terquedad, se convirtió en el primer anti-Papa, pero se arrepintió, se reconcilió y se mantuvo fiel a la

---

* Cf. Jn 15:5.

Iglesia hasta el fin de sus días. Ponciano, que había defendido la enseñanza ortodoxa frente a mucha oposición, había sido nombrado Papa en 230. Renunció al pontificado mientras estaba en las canteras.

Ambos son ejemplos de solidaridad en la vida y en la muerte, y de compromiso con la unidad de la Iglesia, y nos animan a orar por esa unidad, de la que nos dice el *Catecismo*: "La Iglesia debe orar y trabajar siempre para mantener, reforzar y perfeccionar la unidad que Cristo pide para ella" (no. 820).

14 DE AGOSTO
San Maximiliano Kolbe, presbítero y mártir (1894–1941)
Memoria obligatoria

Era un fraile franciscano polaco. Estudió filosofía y teología en Roma y fue ordenado sacerdote en 1919. Desde muy pequeño había tenido una gran y profunda devoción a María y fundó una Pía Unión llamada Milicia de la Inmaculada. En 1927 fundó la Ciudad de la Inmaculada, cerca de Varsovia— un lugar de intensa actividad, con talleres de oficios, dos periódicos, ocho revistas católicas y una estación de radio. Durante la Segunda Guerra Mundial, los nazis invadieron Polonia y bombardearon la Ciudad de la Inmaculada, arrestando a Maximiliano y todos sus colaboradores. Maximiliano fue conducido a Auschwitz. Un día uno de los presos estaba a punto de ser ejecutado en represalia por alguien que se había escapado del campo de concentración; era un hombre casado y tenía hijos, y Maximiliano se ofreció en su lugar.

Fue condenado a morir de hambre en una celda subterránea y desde ahí animaba a otros presos con oraciones y cantos. Después de tres semanas de supervivencia, fue ejecutado.

La vida y las acciones de Maximiliano muestran cómo el amor va perfeccionando toda virtud. Como dice el *Catecismo*: "La caridad asegura y purifica nuestra facultad humana de amar. La eleva a la perfección sobrenatural del amor divino" (no. 1827).

15 DE AGOSTO
Asunción de la Bienaventurada Virgen María
Solemnidad

Desde el siglo VII se celebraba la fiesta, con el nombre de la Dormición de María, y aún hoy éste es el título que emplea la Iglesia de rito oriental. En el siglo VIII, Occidente empezó a llamarlo Asunción. Ésta es una tradición ininterrumpida de la Iglesia, probablemente desde el Concilio de Éfeso (431), aunque solamente se proclamó como dogma de fe en 1950.

El *Catecismo* habla sobre el significado y realidad de esta fiesta diciendo: "La Asunción de la Santísima Virgen constituye una participación singular en la Resurrección de su Hijo y una anticipación de la resurrección de los demás cristianos" (no. 966).

16 DE AGOSTO
San Esteban de Hungría (969/70–1038)
Memoria opcional

Bautizado a los 16 años, este rey húngaro tenía un padre pagano y una madre cristiana. Se casó con la hermana de Enrique II de Alemania. Reinó durante 42 años, durante los cuales condujo a su pueblo al cristianismo, evangelizando el país con la ayuda de los benedictinos franceses. Tuvo muchos desafíos políticos por las alianzas de otros países europeos. En Hungría, luchó por la unidad del país contra la tendencia a establecer un sistema tribal. Estableció diócesis, fundó monasterios y consagró el país a María. Él mismo ofrecía instrucción religiosa a los pobres.

Su vida da ejemplo de misericordia y de profunda devoción. Fue un gobernante justo que buscó el bien común, según dice el *Catecismo*: "El bien común comporta tres elementos esenciales: el respeto… […] desarrollo de los bienes espirituales y temporales; la paz y la seguridad" (no. 1925).

19 DE AGOSTO
San Juan Eudes,
presbítero (1601–1680)
Memoria opcional

Nacido en Francia, estudió con los jesuitas y luego entró en la Congregación del Oratorio y fue ordenado sacerdote. Luchó contra las tendencias excesivamente severas del jansenismo y fue uno de los reformadores más importantes de su tiempo. Nombrado superior de la Congregación, continuó dando conferencias al clero y ofreciendo misiones populares. Dejó el Oratorio para fundar la Congregación de Jesús y María con el fin de predicar misiones populares. También fundó la Obra de Nuestra Señora de la Caridad, que más tarde se convirtió en Instituto del Buen Pastor. Fue un gran promotor de la devoción a los Sagrados Corazones de Jesús y de María.

El centro de la vida de Juan era Cristo mismo, que lo llenaba de la caridad de su propio Corazón. El Corazón de Jesús siempre ha sido la prueba de un amor sin límites hacia todas las personas. Ese corazón da la confianza absoluta de nunca ser abandonado.

20 DE AGOSTO
San Bernardo, abad y doctor de la Iglesia (1090–1153)
Memoria obligatoria

Nacido en Francia de una familia acomodada, Bernardo entró en la abadía cisterciense de Claraval llevando consigo a 30 amigos y parientes. Fue nombrado abad y trabajó incansablemente por la revitalización de la orden. Escribió, animó a otros a seguir a Cristo, fundó abadías y fue un gran pacificador. Enamorado del misterio de la Encarnación y gran devoto de Nuestra Señora, escribió profundas obras espirituales, entre las que está el *Comentario al Cantar de los Cantares*.

Bernardo nos dejó un gran ejemplo de oración y de trabajo por la paz, ahondando en la Escritura que, como dice el *Catecismo* citándolo: "[el cristianismo] no de un verbo escrito y mudo, sino del Verbo encarnado y vivo" (no. 108)*.

21 DE AGOSTO
San Pío X, Papa (1835–1914)
Memoria obligatoria

José Sarto, nacido en Italia, estudió en el seminario de Padua. Después de su ordenación, sirvió en diversos ministerios de la diócesis. Fue ordenado obispo de Mantua y un poco más tarde, cardenal. Fue nombrado Papa en 1903, muy en contra de sus deseos. Su pontificado fue muy activo y fecundo en reformas litúrgicas del Breviario, el Misal, y el canto gregoriano. Revisó también el Catecismo y el Derecho Canónico y la codificación de las leyes matrimoniales. Impulsó la reforma de la curia, y apoyó la preparación de la edición crítica de la Vulgata. Animó a los fieles a la frecuente recepción de la Sagrada Comunión, cuando no era un uso común. Defendió la separación de Iglesia y Estado y prohibió al clero entrar en política. Fue testigo de los muchos conflictos que empezaban a aflorar en Europa, que le preocuparon y afectaron profundamente, y murió a los pocos días del comienzo de la Primera Guerra Mundial.

Pío X ofrece un claro ejemplo de sencillez y de amor y de enorme celo por la vida de la Iglesia y la integridad de la doctrina. Su vida y actividad es reflejo de lo que dice el *Catecismo* sobre la ley evangélica: "No añade preceptos exteriores nuevos, pero llega a reformar la raíz de los actos, el

---

* San Bernardo de Claraval, *Homilia super missus est*, 4, 11: PL 183, 86B.

corazón… donde ser forman la fe, la esperanza y la caridad, y con ellas las otras virtudes" (no. 1968).

22 DE AGOSTO
Bienaventurada Virgen María Reina
Memoria obligatoria

La fiesta fue establecida por Pío XII en el año 1950, para el 31 de mayo, pero más tarde se trasladó al 22 de agosto, octava de la Asunción, para mejor marcar la relación entre las dos fiestas. La Virgen ha sido saludada como Reina desde la antigüedad, en las letanías del Rosario y muchos himnos de la Iglesia, como la *Salve Regina, Ave Regina caelorum, Regina caeli,* y otros. María es glorificada por su Hijo y reina con Él en el cielo, ya que es la Madre del Rey de reyes.

Citando la proclamación del dogma de la Asunción del Papa Pío XII en 1950, el *Catecismo* afirma que María fue "enaltecida por Dios como Reina del universo" (no. 966)*.

23 DE AGOSTO
Santa Rosa de Lima, virgen (1586–1617)
Memoria opcional

Nacida en Lima, Perú, de familia española modesta, en realidad se llamaba Isabel Flores de Oliva, pero desde muy niña su belleza era tan sorprendente, que empezaron a llamarla

---

* Concilio Vaticano II, *Lumen Gentium,* 59.

Rosa. Recibió la Confirmación de manos de santo Toribio de Mogrovejo, obispo de Lima. Siempre quiso dedicar toda su vida a la oración, y, con ayuda de su hermano, construyó una pequeña ermita en el jardín de su casa para dedicarse allí a la oración como Terciaria dominica. También salía durante el día a atender a los pobres de la ciudad. Es contemporánea de otros santos del Perú, como Martín de Porres, Juan Macías y Francisco Solano. Es la primera santa canonizada (en 1671) en el Nuevo Mundo. Es patrona de las Américas, Filipinas, e Indias Occidentales.

La vida de penitencia y total entrega a Cristo ha enseñado el camino a muchas jóvenes y ha sido de gran influencia en la espiritualidad y vida de oración de los pueblos hispanoamericanos. Dice el *Catecismo*: "Todo acto sincero de culto o de piedad reaviva en nosotros el espíritu de conversión y de penitencia" (no. 1437).

24 *DE AGOSTO*
San Bartolomé, Apóstol
Fiesta

Junto con Felipe, Bartolomé es uno de los primeros apóstoles llamados por Cristo, según el Evangelio de Mateo que lo identifica como Natanael. En el Evangelio de Juan se presenta la escena en que Jesús elogia a Bartolomé como alguien "en quien no hay doblez" y Bartolomé se sorprende de que Jesús lo conozca. No hay acuerdo sobre dónde predicó el Evangelio, pero algunos historiadores lo sitúan en India, otros en Etiopía, Arabia, o Armenia. Se piensa que recibió el martirio en Persia.

Los breves retazos del Evangelio en que aparece Bartolomé nos lo presentan como un hombre prudente y sincero. Como uno de los doce, recibió directamente de Cristo una misión única e intransmisible, de la que nos habla el *Catecismo*: "En el encargo dado a los apóstoles hay un aspecto intransmisible: ser los testigos elegidos de la Resurrección del Señor y los fundamentos de la Iglesia" (no. 860).

25 DE AGOSTO
San Luis, rey de Francia (1214–1270)
Memoria opcional

Hijo de Luis VIII de Francia y Blanca de Castilla, Luis IX de Francia se casó con Margarita de Provenza con quien tuvo once hijos. Gobernó con sabiduría y gran piedad y fue muy amado por su pueblo. Servía a los pobres en persona y enseñaba a sus hijos a tener compasión de los más necesitados. Rezaba el Oficio Divino diariamente. Su anhelo era la liberación de Tierra Santa y estuvo en varias cruzadas sin éxito. Contrajo el tifus durante una de las cruzadas y murió en África.

La vida de san Luis nos invita a la práctica de las virtudes, según las presenta el *Catecismo*: "Las virtudes humanas [...] Con la ayuda de Dios forjan el carácter y dan soltura en la práctica del bien. El hombre virtuoso es feliz al practicarlas" (no. 1810).

(EL MISMO DÍA)
San José de Calasanz, presbítero (1556/57–1648)
Memoria opcional

Nacido en Aragón, España, fue licenciado en Derecho Civil y Canónico por la Universidad de Alcalá. Después de su ordenación sacerdotal, fue visitador apostólico y vicario general de su diócesis. Más tarde fue a Roma donde sirvió como teólogo de un cardenal. Conmovido por la necesidad de los niños de la calle en el barrio de Trastévere, abrió allí una escuela. Otros amigos se le unieron y fundó la Congregación de Escuelas Pías (religiosos conocidos ahora como Escolapios o Piaristas). Los religiosos hicieron un cuarto voto de dedicarse a la educación de jóvenes pobres. Tuvo algunos problemas con su propia comunidad, y los desacuerdos llevaron a que el Papa suprimiera la Congregación durante unos años. José soportó todos los contratiempos con paciencia y humildad, fue muy venerado por el pueblo de Roma y es patrono de las escuelas cristianas populares.

La vida de José de Calasanz nos habla de entrega incondicional a la misión que Dios le había confiado, e invita a la paciencia heroica que él tuvo. Hablando de la caridad, el *Catecismo* resume lo que tuvo que ser su vida: "El Señor nos pide que amemos como Él hasta a nuestros enemigos, que nos hagamos prójimos de los más lejanos, que amemos a los niños y a los pobres como a Él mismo" (no. 1825).

27 DE AGOSTO
Santa Mónica (332–387)
Memoria obligatoria

Nació en el norte de África. Casada con un hombre iracundo e infiel, Mónica nunca cesó en su oración por él, quien por fin llegó a la experiencia de la conversión. Además, Mónica es bien conocida y recordada por ser la madre de san Agustín, cuya fiesta se celebra mañana. El hijo de Mónica, Agustín, gran académico, había sido catecúmeno, pero se había desviado de la fe. Mónica pasó largos años llorando y orando por la conversión de su hijo, que al fin se logró. El propio Agustín en sus Confesiones reconoció que debía su conversión a la oración y lágrimas de Mónica. Cuando estaba a punto de morir en Italia, sus hijos expresaron su pena de que no fuera enterrada en su propia patria, Mónica les dijo que todo eso no importaba, y que lo importante era que fuera recordada en la Misa.

La perseverancia y la paciencia de Mónica en la oración son ayuda y estímulo a nuestra propia oración. El *Catecismo* habla de esta paciencia: "Es necesario orar siempre, sin cansarse, con la paciencia de la fe" (no. 2613).

28 DE AGOSTO
San Agustín, obispo y doctor de la Iglesia (354–430)
Memoria obligatoria

Hijo de santa Mónica, había sido educado en la fe. Tenía una mente muy activa, siempre en búsqueda. Conoció las ideas maniqueas y en un principio las aceptó, pero luego se hizo agnóstico y empezó a llevar una vida bastante viciosa y alejada de Dios. Fue profesor de retórica. Viajó a Italia donde se sintió cautivado por una predicación de san Ambrosio que lo puso en camino de conversión y de regreso a la fe. Fue bautizado por san Ambrosio. Fue ordenado sacerdote y más tarde obispo de Hipona. Predicaba en la catedral, gobernaba los asuntos de la Iglesia, respondía a cartas y defendía la fe contra las herejías. Nos han llegado sus obras, que, además de ser importantísimas por su profundidad teológica, son un precioso testimonio de su conversión y su amor apasionado por Dios. Entre tales obras son muy conocidas las *Confesiones* y *La Ciudad de Dios*.

La búsqueda de la verdad de Agustín ha sido un estímulo e inspiración para los cristianos de todos los tiempos. El *Catecismo* cita a Agustín muchas veces. Una de sus más conocidas frases se encuentra en sus Confesiones: "Porque nos has hecho para ti y nuestro corazón está inquieto mientras no descansa en ti" (no. 30)*.

29 DE AGOSTO
Martirio de San Juan Bautista
Memoria obligatoria

Esta segunda fiesta del Precursor de Cristo tuvo su origen en Samaria, y para el siglo VII ya se celebraba en Roma. El martirio de Juan se describe en Marcos 6:14-29. Relata la historia de cómo Juan confrontó al rey por vivir con una mujer casada con otro hombre. Aunque el rey había sentido

---

* San Agustín, *Confesiones*, 1.1,1.

inicialmente simpatía por Juan, esta confrontación lo hizo montar en cólera y ordenar la prisión de Juan, y por último su ejecución.

El mensaje de Juan, que siempre apunta hacia Cristo, resta importancia a su propia figura y protagonismo y es una gran inspiración para quienes estén en ministerio, animando a centrarlo todo en Cristo, y no en la propia personalidad. La fiesta también es una llamada a vivir los compromisos bautismales, de los que dice el *Catecismo*: "El Bautismo es la fuente de la vida nueva en Cristo, de la cual brota toda la vida cristiana" (no. 1254).

SEPTIEMBRE

San Gregorio Magno, Papa y doctor de la Iglesia (540–604)
Memoria obligatoria

Era hijo de un senador romano y él mismo fue prefecto de la ciudad durante unos años. A la muerte de su padre, distribuyó sus posesiones entre diversos monasterios y convirtió el hogar familiar en monasterio también. Después de ser ordenado diácono, fue enviado como emisario del Papa Pelagio II a Constantinopla. A su regreso a Roma, fue nombrado abad del monasterio de san Andrés, y cuando falleció Pelagio, fue elegido Papa. Es el primer Papa en autodenominarse "Siervo de los siervos de Dios". Envió misioneros a Inglaterra, fundó la *Schola Cantorum* de Roma, promovió el canto litúrgico que ahora se conoce como gregoriano en su honor, y fue pacificador de las naciones. Fue Papa durante 13 años, los dos últimos con grave sufrimiento físico.

La profunda vida de oración de san Gregorio, en medio de la acción y del sufrimiento físico, nos invita a profundizar en la vida litúrgica, de la que nos dice el *Catecismo*: "La Liturgia, obra de Cristo... realiza y manifiesta la Iglesia como signo visible de la comunión entre Dios y los hombres por Cristo" (no. 1071).

8 DE SEPTIEMBRE
Natividad de la Bienaventurada Virgen María
Fiesta

Únicamente existen relatos apócrifos del Nacimiento de María, pero siempre ha existido la devoción, y la fiesta se celebra desde muy antiguo. Se suponía que la casa de Joaquín y Ana estaba cerca de la piscina de Bethesda, donde hoy se levanta la basílica de Santa Ana. En la Edad Media, la fiesta era muy popular, teniendo incluso una vigilia. La fiesta de la Natividad de María fue introducida por el Papa Sergio I. En el rito oriental, abre el año litúrgico.

En esta fiesta se conmemora la aurora de nuestra salvación, ya que el nacimiento de María anuncia que las promesas de Dios están a punto de cumplirse en la historia. Como nos dice el *Catecismo*: "Lo que la fe católica cree acerca de María se funda en lo que cree acerca de Cristo, pero lo que enseña sobre María ilumina a su vez la fe en Cristo" (no. 487).

9 DE SEPTIEMBRE
San Pedro Claver, presbítero (1580–1654)
Memoria obligatoria [USA]

Nacido en Cataluña, España, después de sus estudios en la Universidad de Barcelona, Pedro entró en la Compañía de Jesús. Allí conoció al santo hermano lego Alfonso Rodríguez, quien lo animó a ofrecerse de voluntario para las misiones de América. Respondiendo generosamente, Pedro se ofreció y fue asignado a Cartagena de Indias en Colombia. Pronto se dio cuenta de que, a pesar de todas las condenas de los Papas Pablo III y Pío IV, la práctica de la esclavitud continuaba. Pedro se puso a las órdenes del jesuita Alfonso de Sandoval, que había pasado 40 años trabajando con los esclavos. Superó su timidez natural para acercarse a lo desconocido. Llamándose a sí mismo "esclavo de los esclavos", atendía personalmente a los enfermos y luchó incansablemente por sus derechos. Buscó catequistas e intérpretes para poder comunicarse con los africanos esclavos y bautizó a más de 300,000. En 1650, cayó víctima de una epidemia que asolaba la ciudad y se retiró al monasterio. Por algún tiempo fue abandonado y olvidado, pero a su muerte, grandes multitudes reconocieron su santidad y tuvo un funeral público.

La compasión, el servicio y el sacrificio heroico de Pedro nos llaman a todos los cristianos al respeto por la dignidad de la persona humana. Según dice el *Catecismo*: "El respeto de la persona humana considera al prójimo como 'otro yo'. Supone el respeto de los derechos fundamentales que se derivan de la dignidad intrínseca de la persona" (no. 1944).

12 DE SEPTIEMBRE
Santísimo Nombre de María
Memoria opcional

La devoción comenzó en España a principios del siglo XVI. Hacia finales del siglo XVII, Juan Sobieski, rey de Polonia, lideró un ejército en la batalla de Viena para prevenir el avance de las tropas del imperio otomán. Sobieski se encomendó a María y el ejército salió victorioso. El Papa Inocencio XI extendió la fiesta del Nombre de María a toda la Iglesia.

De nuevo, el amor a María es una manifestación lógica del pueblo cristiano que expresa el amor al Hijo. En relación a la oración, el *Catecismo* enseña que "en virtud de su cooperación singular con la acción del Espíritu Santo, la Iglesia ora también en comunión con la Virgen María para ensalzar con ella las maravillas que Dios ha realizado en ella y para confiarle súplicas y alabanzas" (no. 2682).

13 DE SEPTIEMBRE
San Juan Crisóstomo, obispo y doctor de la Iglesia (344/49–407)
Memoria obligatoria

Nacido en Antioquía, y huérfano de padre a temprana edad, Juan fue educado por su madre y el maestro Libanio, famoso profesor de retórica. Durante unos años vivió la vida monástica y luego fue ordenado sacerdote. Fue predicador durante 12 años en Antioquía. Sus sermones eran tan admirados, que adquirió el sobrenombre de Crisóstomo (boca de oro). En 397 fue nombrado obispo de Constantinopla, muy contra su voluntad y la del pueblo de Antioquía, que intentó impedir su marcha. Como obispo, estuvo totalmente dedicado a su pueblo y a la evangelización, y reformó monasterios y revitalizó la vida religiosa. Pero también se ganó la hostilidad de la corte imperial. La emperatriz Eudoxia se sintió terriblemente irritada por un sermón de Juan sobre el lujo excesivo y consiguió que el obispo Teófilo lo exiliara.

Un poco más tarde, el emperador Arcadio lo repatrió, pero la emperatriz volvió a exiliarlo. Murió en camino hacia un segundo exilio, en el mar Negro. Es conocido también como doctor de la Eucaristía.

Los evangelizadores de los primeros siglos, como Crisóstomo, sentían un verdadero ardor por su misión, y a eso es a lo que se llama a todos los cristianos de hoy, no importa las circunstancias o estados de vida en que nos encontremos. El *Catecismo* cita a Crisóstomo: "Es posible, incluso en el mercado o en un paseo solitario, hacer una frecuente y fervorosa oración. Sentados en vuestra tienda, comprando o vendiendo, o incluso haciendo la cocina" (no. 2743)*.

14 DE SEPTIEMBRE
Exaltación de la Santa Cruz
Fiesta

Según la historia, santa Elena, madre de Constantino, había recuperado las reliquias de la Santa Cruz, pero los persas las habían robado de Jerusalén. El emperador Heraclio logró recuperarlas y se cuenta que, al llegar la Santa Cruz a Jerusalén, el emperador quiso cargarla, pero como estaba vestido con sus ropas reales, no era capaz de avanzar. El arzobispo de Jerusalén le indicó que todas esas ropas no estaban de acuerdo con la humildad de Cristo cargando la cruz. El emperador se despojó de su ropa y así la procesión pudo avanzar. Para evitar nuevos robos, la Santa Cruz fue dividida en pedazos: uno se llevó a Roma, otro a Constantinopla, y otro se dejó en Jerusalén. Otro trozo se partió en pequeñísimas

---

* Juan Crisóstomo, Sermones de Anna, 4, 5: PG 54, 666.

astillas que se repartieron por diversas iglesias de todo el mundo. La fiesta indica la veneración cristiana a la Cruz de nuestra salvación.

Los cristianos hacemos la señal de la Cruz sobre nosotros mismos muchas veces a lo largo del día, marcando momentos o bendiciones especiales y actualizando y agradeciendo el gran misterio de nuestra redención por la Cruz del Señor. Con este signo indicamos en realidad nuestra identidad como pueblo salvado por Cristo. El *Catecismo* nos dice: "La señal de la Cruz... señala la impronta de Cristo sobre el que le va a pertenecer y significa la gracia de la redención que Cristo nos ha adquirido por su Cruz" (no. 1235).

15 DE SEPTIEMBRE
Bienaventurada Virgen María de los Dolores
Memoria obligatoria

La conmemoración es muy antigua. Quedan trazos de ella en los escritos de san Anselmo en el siglo XI. Fue promovida por los cistercienses y los servitas en los siglos XIV y XV. Benedicto XIII la introdujo en el Calendario Romano, fijando la celebración en el viernes antes del Domingo de Ramos. Pío X la trasladó al 15 de septiembre, día después de la Exaltación de la Santa Cruz. Tradicionalmente se han identificado siete momentos de dolor en la vida de María junto a su Hijo, desde la profecía de Simeón que afirmaba que le atravesaría una espada. Reflexionamos sobre el dolor y la fortaleza de María durante la vida y muerte de su Hijo, llena de incertidumbres y persecuciones. La liturgia la ha cantado, particularmente en el himno *Stabat Mater*. El *Catecismo* habla de los dolores y pruebas que los cristianos tenemos que enfrentar, especialmente en un mundo hostil a la fe cristiana, y señala el ejemplo y la participación de María en el sufrimiento de su Hijo: "La Virgen María llegó 'hasta la noche de la fe'* participando en el sufrimiento de su Hijo y en la noche de su sepulcro" (no. 165).

16 DE SEPTIEMBRE
Santos Cornelio, Papa (†253), y Cipriano, obispo (†258), mártires
Memoria obligatoria

Estos dos santos son nombrados juntos en el Canon Romano. Cornelio tuvo un pontificado muy breve, durante el que se dieron diversas controversias sobre la penitencia, particularmente acerca del modo en que los pecadores públicos y los apóstatas podrían reconciliarse con la Iglesia. Murió decapitado en Civitavecchia, donde había sido exiliado. Cipriano era orador y abogado. Se convirtió al cristianismo y fue elegido metropolitano del norte de Cartago, desde donde apoyó a Cornelio en esas mismas controversias. Vivió durante la persecución de Decio, pero fue martirizado durante la persecución de Valeriano.

El esfuerzo y ejemplo de ambos se centró en buscar la unidad de la Iglesia por encima de todo. Son ejemplo claro de lo que dice el *Catecismo* en relación con la reconciliación y la unidad: "No hay límite ni medida en este perdón,

---

*   Juan Pablo II, enc. *Redemptoris Mater*, 18.

esencialmente divino... La comunión de la Santísima Trinidad es la fuente y el criterio de verdad en toda relación" (no. 2845).

17 DE SEPTIEMBRE
San Roberto Belarmino, obispo y doctor de la Iglesia (1542–1621)
Memoria opcional

Nacido en Italia, ingresó joven en la Compañía de Jesús. Estudió en el Colegio Romano de Padua y en Lovaina. Fue después profesor en Lovaina, pero por razones de salud, tuvo que regresar a Roma donde enseñó en el Colegio Romano (hoy Universidad Pontificia Gregoriana). Era un sabio teólogo y escribió su famosa obra de las *Controversias*. También estuvo en la comisión para la revisión de la Vulgata, bajo el Papa Clemente VIII, y escribió el prólogo de esta obra. Compuso, además, dos catecismos a petición del Papa, que lo estimaba mucho como teólogo. Fue director del Colegio Romano, donde uno de sus alumnos fue san Luis Gonzaga. Más tarde lo nombraron rector del Colegio y a continuación provincial de la provincia jesuita de Nápoles. Nombrado cardenal muy a su pesar, tuvo que entrar en las disputas teológicas sobre la predestinación. Luego fue nombrado arzobispo de Capua, donde gobernó la diócesis con prudencia y sabiduría. El Papa Pablo V lo llamó de regreso a Roma donde se convirtió en el teólogo oficial del Santo Oficio. En 1621 se retiró al noviciado jesuita, donde murió.

Dios utilizó a Roberto para extender la luz de la sabiduría y una doctrina sana para la Iglesia, y Roberto fue un dócil instrumento. El *Catecismo* expresa la belleza de la verdad en las expresiones humanas de ella: "La verdad puede… encontrar otras formas de expresión humana, complementarias, sobre todo cuando se trata de evocar lo que ella entraña de indecible, las profundidades del corazón humano, las elevaciones del alma, el Misterio de Dios" (no. 2500).

19 DE SEPTIEMBRE
San Jenaro, obispo y mártir (†305)
Memoria opcional

La fiesta de este santo se ha celebrado en diversas partes del mundo desde el siglo VI. Se sabe que fue martirizado con seis de sus compañeros cerca de Nápoles y que hay una referencia a él en la biografía de san Paulino de Nola, que en el lecho de muerte preguntaba por sus hermanos y, cuando le decían que estaban ahí, respondía que se refería a Jenaro y a Martín de Tours, que le estaban esperando en el cielo.

Por siglos, la sangre de san Jenaro se licúa cuatro veces al año, fenómeno milagroso que da lugar a muchas peregrinaciones, festividades y veneración. Jenaro es un claro ejemplo de lo que dice el *Catecismo* sobre la santidad de la Iglesia: "La Iglesia es santa: Dios santísimo es su autor; Cristo, su Esposo, se entregó por ella para santificarla; el Espíritu de santidad la vivifica… en los santos brilla su santidad" (no. 867).

20 DE SEPTIEMBRE
San Andrés Kim Tae-gŏn, presbítero, Paul Chŏng Ha-sang, y compañeros, mártires (†1846)
Memoria obligatoria

La evangelización de Corea fue llevada a cabo por católicos laicos en el siglo XVII. Al principio en el país no tenían sacerdotes, pero poco a poco se introdujeron algunos misioneros de la Sociedad de Misiones Extranjeras de Francia. Entre 1839 y 1867 se desencadenó en Corea una terrible persecución contra los cristianos, y 103 católicos: 3 obispos, ocho presbíteros, y los demás laicos, casados, niños, mujeres, hombres y jóvenes dieron la vida por su fe. Eran en su mayoría coreanos, pero había también europeos y asiáticos entre ellos. Se sabe del martirio por una carta de Andrés al vicario apostólico después de su arresto, en la que expresa el honor de ser perseguido por la causa de Cristo. Andrés era hijo de un granjero que también fue martirizado. Se educó en Macao y se esforzó por vivir una vida auténticamente cristiana.

Para estos 103 santos que valientemente defendieron su fe, las palabras del *Catecismo* hablando de la Resurrección fueron reales y vivas: "La vida cristiana en la tierra es, desde ahora, una participación en la muerte y en la Resurrección de Cristo" (no. 1002).

21 DE SEPTIEMBRE
San Mateo, Apóstol y Evangelista
Fiesta

Había nacido en Cafarnaún y se llamaba Leví y era hijo de Alfeo, recaudador de impuestos de profesión, y por tanto despreciado por sus compatriotas judíos. El Evangelio narra su llamada como una atracción fulminante hacia Jesús. Mateo, dejándolo todo atrás de inmediato, le siguió. Evangelizó Persia y probablemente Etiopía, donde fue mártir. El Evangelio que lleva su nombre se centra en el discipulado y seguimiento de Jesús y está dirigido a una audiencia mayoritariamente judía.

Mateo se convirtió por una mirada de Jesús y una palabra que le dio la fuerza de dejarlo todo. El *Catecismo* cita el Evangelio de Mateo cerca de 200 veces. En su Evangelio transmitió fielmente lo que había visto y oído. Como dice el *Catecismo*: "Lo que Cristo confió a los apóstoles, éstos lo transmitieron por su predicación y por escrito, bajo la inspiración del Espíritu Santo, a todas las generaciones hasta el retorno glorioso de Cristo" (no. 96).

23 DE SEPTIEMBRE
San Pío de Pietrelcina, presbítero (1887–1968)
Memoria obligatoria

Nacido Francesco, este santo italiano fue muy devoto desde su niñez y muy pronto sintió la llamada al sacerdocio. A los 15 años de edad ingresó en los Capuchinos. Fue ordenado sacerdote y se le conocía como Padre Pío. En 1918 tuvo una visión de Jesucristo y cuando ésta terminó, Pío tenía estigmas; los doctores no pudieron encontrar explicación científica alguna al fenómeno. La vida de Pío se complicó bastante a causa de la fama que adquirió, y se cuestionó la autenticidad de su testimonio. Se le retiraron las facultades sacerdotales, que más tarde se le devolvieron. La gente acudía a él en masa y a menudo pasaba en el confesonario más de 10 horas al día. Para atender a las necesidades que percibía a su alrededor, Pío pidió que se construyera un hospital de 350 plazas. A su muerte, no había señales ni cicatrices de sus estigmas.

A Pío le fueron dados dones extraordinarios, que utilizó con humildad, suavidad y prudencia para el bien del pueblo. Vivió en su propia carne la Pasión de Cristo. Como expresa el *Catecismo*: "El sufrimiento… recibe un sentido nuevo, viene a ser participación en la obra salvífica de Jesús" (no. 1521).

26 DE SEPTIEMBRE
Santos Cosme y Damián, mártires (†303)
Memoria opcional

Cosme y Damián procedían de una familia muy cristiana de Siria. Cinco hermanos, incluyendo a Cosme y Damián, recibieron juntos el martirio. Cosme y Damián eran mellizos, médicos de profesión, y atendían a los enfermos pobres gratuitamente. Son nombrados en el Canon Romano en la lista de santos junto con quienes la Iglesia presenta el sacrificio de Cristo.

Cosme y Damián entregaron no sólo todo lo que tenían, sino sus propias vidas en seguimiento de Cristo y en servicio de sus hermanos sufrientes. El *Catecismo* dice: "Jesús invita a sus discípulos a seguirle… los hace participar de su ministerio de compasión y de curación" (no. 1506).

27 DE SEPTIEMBRE
San Vicente de Paúl, presbítero (1581–1660)
Memoria obligatoria

Vicente era un francés de familia muy modesta. Siendo ya sacerdote, fue capturado por piratas y hecho esclavo en Túnez durante dos años. Pero durante ese tiempo, logró acercar a su amo al cristianismo y fue liberado. A su regreso a Francia, aceptó una parroquia en las afueras de París, donde reunió a un grupo de jóvenes a su alrededor. Durante 12 años sirvió como capellán de una familia aristocrática y allí sufrió tentaciones contra la fe. Superándolas, se comprometió en un apostolado con gentes del mar y personal de barcos, donde también sirvió como párroco y capellán en las galeras de esclavos. Al mismo tiempo, desarrolló una gran labor de catequesis entre campesinos. En 1625, reunió un grupo de hombres que sería la base de la Congregación de la Misión, sacerdotes y hermanos (conocidos ahora como Paúles o Vicencianos). Con santa Luisa de Marillac fundó la Congregación de Hijas de la Caridad.

En su complicada vida, a Vicente siempre le movió la exigencia de evangelizar, particularmente a los más pobres y necesitados en cualquier sentido. Siempre se le recuerda por su profunda caridad que ha inspirado tantas obras de generosidad, ayuda y evangelización cerca de los más pobres. El *Catecismo* habla de la caridad como el mayor mandamiento social: "Exige la práctica de la justicia… Inspira una vida de entrega de sí mismo" (no. 1889).

28 DE SEPTIEMBRE
San Wenceslao, mártir (907/08–929)
Memoria opcional

Joven gobernante de Bohemia, y primer eslavo canonizado, Wenceslao fue educado por su abuela, santa Ludmila, que fue más tarde asesinada como resultado de las maquinaciones de su propia hija, la madre de Wenceslao. Asumió el poder a los 15 años, y fue muy popular entre el pueblo por su bondad y su fervor religioso, pero se enfrentó a la hostilidad de líderes paganos. Cuando se casó y tuvo un hijo, su hermano Boleslao, dándose cuenta de que estaba perdiendo posibilidades de ascenso al trono, se unió a la oposición. Traidoramente, invitó a su hermano a una celebración de los santos Cosme y Damián, y cuando Wenceslao entraba en la catedral, le asestó un golpe en la cabeza, y sus amigos completaron el asesinato.

Wenceslao siempre fue ejemplar en la práctica de la virtud, gobernando con compasión y atención a los más necesitados de su reino. No buscó la venganza por la muerte de su abuela, sino que perdonó a sus perseguidores y enemigos. El

Catecismo habla de la fuerza transformadora del perdón: "No está en nuestra mano no sentir ya la ofensa y olvidarla; pero el corazón que se ofrece al Espíritu Santo cambia la herida en compasión" (no. 2843).

(EL MISMO DÍA)
Santos Lorenzo Ruiz y compañeros, mártires (†1637)
Memoria opcional

San Lorenzo era filipino, hombre de familia, y ferviente cristiano. Le habían acusado falsamente de un crimen, y los misioneros dominicos le aconsejaron marchar a Japón para evitar ser arrestado. Partió con los misioneros dominicos, pero en Japón había una gran persecución contra los cristianos y fue arrestado y martirizado junto con 9 sacerdotes y 2 hermanos dominicos, 3 laicos y 2 vírgenes consagradas, de España, Italia, Francia, Japón y Filipinas. Lorenzo es el primer santo canonizado filipino.

Los relatos del martirio de Lorenzo y sus compañeros hablan de su firmeza en la fe, de cómo declaraba su identidad incambiable como cristiano. Cumplió hasta el final un gran deber cristiano que describe el *Catecismo*: "El cristiano no debe avergonzarse 'de dar testimonio del Señor'*" (no. 2471).

---

* 2 Tm 1:8.

29 DE SEPTIEMBRE
Santos Miguel, Gabriel y Rafael, Arcángeles
Fiesta

Originalmente, los tres arcángeles tenían la fiesta por separado. El culto a san Miguel se extendió después de una victoria de los lombardos contra los sarracenos en 663. Más tarde la fiesta se unificó para los tres. El nombre de Miguel significa "¿Quién como Dios?" y su figura aparece en los libros de Daniel, Apocalipsis y Judas. Gabriel significa "La fuerza de Dios" y anuncia la llegada del Mesías en el Evangelio de san Lucas. Rafael significa "Dios ha sanado" y aparece en el libro de Tobit, donde se identifica como uno de los siete ángeles ante Dios.

Lo que se celebra en este día es la protección indispensable de los ángeles para los seres humanos. En la Misa, al final del Prefacio siempre se recuerda que se ofrece la alabanza junto con los ángeles y se repite su aclamación a Dios, "Santo, Santo, Santo". El *Catecismo* nos habla de los ángeles diciendo: "Superan en perfección a todas las criaturas visibles. El resplandor de su gloria da testimonio de ello" (no. 330).

30 DE SEPTIEMBRE
San Jerónimo, presbítero y doctor de la Iglesia (347?–419/20)
Memoria obligatoria

Nacido en Dalmacia, estudió en Roma y hablaba latín y griego. Se bautizó cuando tenía 18 o 19 años. Tuvo conflictos con su primera comunidad cristiana, por lo que se retiró a una isla del Adriático, donde vivió una vida ascética. Sufrió enfermedades y fuertes tentaciones. Para combatirlas y tener su mente ocupada, estudió hebreo. A su regreso a Dalmacia, fue ordenado sacerdote; partió después a Constantinopla, donde estudió Escrituras con Gregorio Nacianceno. Luego fue llamado por el Papa Dámaso a ser su secretario y el Papa le encargó el trabajo de elaborar la versión de la Biblia en latín. A la muerte de Dámaso, Jerónimo regresó al Medio Oriente, en parte porque su carácter irascible no le era agradable al clero romano. En Palestina fue director espiritual de un monasterio y ahí pudo dedicar gran parte de su tiempo a la traducción del Antiguo Testamento. Murió en Belén cuando se encontraba trabajando todavía en sus comentarios a las Escrituras.

El *Catecismo* cita a Jerónimo muchas veces, especialmente sus famosos comentarios sobre la Escritura. También cita sus palabras sobre el día del Señor: "Si los paganos lo llaman día del sol, también lo hacemos con gusto; porque hoy ha amanecido la luz del mundo, hoy ha aparecido el sol de justicia cuyos rayos traen la salvación" (no. 1166)[*].

---

[*]   San Jerónimo, *In die dominica Paschae homilia*: CCL 78, 550, 52.

OCTUBRE

Santa Teresa del Niño Jesús, virgen y doctora de la Iglesia (1873–1897)
Memoria obligatoria

Nacida en Francia, era la hija más pequeña en una familia de nueve hermanos. Fue educada en el monasterio benedictino de Lisieux. Tenía una salud frágil y, siendo muy devota, sufría de escrúpulos. En 1886, tuvo lo que ella llamó una "conversión total" y trató en entrar en el Carmelo de Lisieux. Incluso le pidió al Papa León XIII personalmente una dispensa por la edad, al principio sin éxito, pero logró ser admitida a los 15 años. Cuando hizo su profesión perpetua, fue nombrada maestra de novicias. En 1896 tuvo el primer ataque de tuberculosis, del que moriría con sólo 24 años de edad, y su hermana Inés, que era la superiora del convento, le pidió que escribiera sus memorias, que ahora se conservan en tres manuscritos que están publicados en el volumen titulado *Historia de un alma*. En él expone su doctrina de infancia espiritual. Es patrona de Francia y, aunque nunca salió de su convento, por su pasión por la evangelización es reconocida, junto con Francisco Javier, como patrona de las misiones extranjeras. Es también doctora de la Iglesia.

Es muy conocida por su sencillez y abandono en Dios, y su devoción e influencia se han extendido por todo el mundo. El *Catecismo* cita su definición de oración: "La oración es un impulso del corazón, una sencilla mirada lanzada hacia el cielo, un grito de agradecimiento y de amor" (no. 2558)*.

2 DE OCTUBRE
Ángeles custodios
Memoria obligatoria

La devoción a los ángeles proviene de la Edad Media, por la fe del pueblo en que los ángeles acompañan y protegen la vida de cada cristiano en su camino hacia la salvación. La fiesta data de 1411 cuando en Valencia, España, se empezó a celebrar al ángel guardián de la ciudad. En 1590 Sixto V concedió a Portugal una *Liturgia de las Horas* especial en honor a los ángeles custodios y la fiesta se añadió al Calendario Romano en 1608.

El *Catecismo* subraya esta función de los ángeles: "Desde su comienzo hasta su muerte, la vida humana está rodeada de su custodia y de su intercesión" (no. 336).

4 DE OCTUBRE
San Francisco de Asís (1181/82–1226)
Memoria obligatoria

Nacido en Asís, Italia, de un rico comerciante, tuvo una juventud turbulenta y aventurera. Tuvo una visión de la cruz de san Damiano que le invitaba a reparar su iglesia. Francisco en un principio entendió que se trataba de la iglesia física, que estaba en ruinas, pero más tarde se dio

---

*   Teresa del Niño Jesús, *Manuscrits autobiographiques*, C 25r.

cuenta de que Dios tenía planes mucho más amplios para él. Francisco renunció a su herencia y se despojó de todas sus posesiones para entregarse totalmente a Dios. En la primera fase de su conversión, se vistió de penitente y vivió recluido en oración. Más tarde, al escuchar el pasaje del Evangelio sobre la misión de los apóstoles, comprendió que su misión era ser predicador itinerante. Reunió a un pequeño grupo de hombres con intención de vivir el Evangelio tan literalmente como fuera posible. Ése fue el comienzo de los Frailes Menores. Se dedicaron a predicar el Evangelio a toda clase de personas. Hacia el final de su vida, cuando estaba casi ciego y sufriendo diversas enfermedades físicas, recibió el don de los estigmas. Junto con Catalina de Siena, es patrón de Italia. Ha tenido una enorme influencia en los cristianos por su imitación radical de Cristo.

Es recordado y venerado por su sencillez, pobreza, alegría y aprecio de la belleza de la Creación. El *Catecismo* cita varias veces el Cántico del Sol, así como otros escritos de Francisco. Hablando del sentido cristiano de la muerte, dice: "Y por la hermana muerte, ¡loado mi Señor!… ¡Dichosos los que cumplen la voluntad de Dios!" (no. 1014)*.

5 DE OCTUBRE
Beato Francisco Javier Seelos, presbítero (1819–1867)
Memoria opcional [USA]

Este santo alemán es muy amado en los Estados Unidos. Nacido en 1819, desde muy niño expresó su deseo de ser

---

*   San Francisco de Asís, Cántico de las criaturas.

sacerdote e ingresó en el seminario después de terminar sus estudios de filosofía. Conoció a los Redentoristas en Alemania y decidió ingresar en la congregación para servir a los inmigrantes de habla germánica en los Estados Unidos. Completó su noviciado en los Estados Unidos y fue ordenado sacerdote en Maryland. Trabajó en una parroquia en Pittsburg como ayudante de san Juan Neumann, y más tarde como superior de la comunidad. También, con Neumann, predicó muchas misiones populares. Su predicación era clara, muy adaptada a la audiencia, pero a la vez muy rica en contenido bíblico. Trabajó mucho en la catequesis infantil. Sus biógrafos dicen que tenía un carácter muy afable y alegre y, cuando fue nombrado prefecto de seminaristas, se esforzó por inspirar en ellos el entusiasmo y celo por el bien del pueblo, y en particular por los más pobres. Murió en Nueva Orleans de fiebre amarilla, cuando aún no había cumplido los 49 años.

Es fácil a veces perder de vista la primera razón de las acciones, y enredarse en asuntos de posición, status, o prestigio. Francisco Javier Seelos es un ejemplo de la pureza y rectitud de intención que, en toda su vida, nunca se desvió de su vocación principal de evangelizador, particularmente entre los menos privilegiados. Supo transmitir ese entusiasmo a los demás y se puede decir que dio su vida por la misión.

6 DE OCTUBRE
San Bruno, presbítero (1035–1101)
Memoria opcional

Era alemán, de familia noble y fue director de la escuela de la catedral de Reims, en Francia. Ordenado sacerdote, fue canónigo de la catedral y canciller de la diócesis. Era un hombre muy elocuente y experto en las artes. Apoyó mucho al Papa Gregorio VII en su lucha contra la simonía y la corrupción de las costumbres. Rechazó el nombramiento como obispo de Reims y se retiró a un monasterio cisterciense. Construyó una ermita y vivió allí con dos compañeros, pero más tarde fue a Grenoble, a un lugar más solitario. Esto fue el comienzo de la Cartuja, cuyos miembros viven como ermitaños, pero comparten el monasterio. El Papa Urbano II, que había sido alumno de Bruno, lo llamó para ser su consejero. Más tarde, Bruno marchó a Calabria, Italia, donde fundó una casa de monjes cartujos. Antes de su muerte hizo profesión de fe en la presencia real de Cristo.

Aunque era un hombre brillante y elocuente, es conocido por su humildad, su obediencia a las llamadas de Dios y su sentido de oración profunda y de silencio. Del silencio habla el *Catecismo* diciendo: "En este silencio, insoportable para el hombre 'exterior', el Padre nos da a conocer a su Verbo encarnado… y el Espíritu filial nos hace partícipes de la oración de Jesús" (no. 2717).

(EL MISMO DÍA)
Beata María Rosa Durocher, virgen (1811–1849)
Memoria opcional [USA]

Nacida en Quebec, Canadá, fue la décima de 11 hijos. Uno de sus hermanos era sacerdote, y desde muy joven, María Rosa ayudó en la parroquia, involucrándose en apostolados y creando la primera Pía Unión parroquial de Canadá, con ayuda de los Oblatos de María Inmaculada. A petición de su obispo, fundó la Congregación de Hermanas de los Santos Nombres de Jesús y María, instituto religioso que seguía el modelo de otro con el mismo nombre en Marsella, Francia, y se dedicaba a la educación para los niños más pobres y abandonados. Esta congregación está hoy presente en muchos lugares de los Estados Unidos.

La vida de María Rosa invita a la escucha atenta a las llamadas de Dios y de la Iglesia y a la respuesta pronta y generosa. El amor a la Iglesia que brilló en María Rosa está reflejado en el *Catecismo* en referencia a la comunión de la caridad: "El menor de nuestros actos hecho con caridad repercute en beneficio de todos" (no. 953).

7 DE OCTUBRE
Bienaventurada Virgen María del Rosario
Memoria obligatoria

En un comienzo la fiesta se llamaba de Nuestra Señora de la Victoria, en conmemoración de la victoria de los cristianos en la batalla de Lepanto. Gregorio XIII la hizo obligatoria para Roma, y para la Confraternidad del Santísimo Rosario, en 1575. La devoción al Santo Rosario data del siglo XII. Santo Domingo lo llama el Salterio de Nuestra Señora, por las 150 Avemarías. En un famoso sermón, san Bernardo invitaba a la meditación de los misterios de Cristo que nos presenta el Rosario.

Esta devoción está tan arraigada en la Iglesia, que se puede considerar una de las oraciones más centrales de la vida de los cristianos. El *Catecismo* sitúa su origen en la Edad Media como sustitución popular de la *Liturgia de las Horas* (no. 2678), y anima a pasar de la reflexión a la unión con Cristo: "Esta forma de reflexión orante es de gran valor, pero la oración cristiana debe ir… hacia el conocimiento del amor del Señor Jesús, a la unión con Él" (no. 2708).

9 DE OCTUBRE
San Dionisio, obispo, y compañeros, mártires (†250)
Memoria opcional

Aunque no se sabe mucho de este santo, según una historia de san Gregorio de Tours del siglo VI, Dionisio fue uno de los siete obispos enviados desde Italia a Francia a evangelizar durante el reinado del emperador Decio y se cree que fue martirizado durante una de las persecuciones romanas, junto con Rústico y Eleuterio. En el siglo VII sus reliquias fueron transportadas a la abadía benedictina de san Dionisio, cerca de París. Dionisio es patrón de París.

San Dionisio es venerado e invita a la imitación por su testimonio de Cristo frente a tentaciones y persecución. El *Catecismo* explica el sentido de la petición del Padrenuestro de no caer en la tentación y asegura que: "adquiere todo su sentido dramático referida a la tentación final de nuestro combate en la tierra; pide la perseverancia final" (no. 2849).

(EL MISMO DÍA)
San Juan Leonardi, presbítero (1541–1609)
Memoria opcional

Juan nació en Italia y después de sus estudios ejerció su profesión como farmacéutico. Pero dejó la profesión para entrar en el seminario. Una vez ordenado, se dedicó a la instrucción catequética de niños y jóvenes en su ciudad natal de Lucca. Contemporáneo de José de Calasanz y Felipe Neri, fundó la Congregación de Clérigos de la Madre de Dios y la Confraternidad de la Doctrina Cristiana. Bajo el Papa Pío V, la congregación se unió a los Clérigos Regulares de las Escuelas Pías. Por conflictos en su propia ciudad, marchó a Roma, donde Felipe Neri le animó a enviar a miembros de su congregación a misiones extranjeras. Con el español Juan Bautista Vives, fundó el Colegio Urbano Propaganda Fide.

Su gran deseo y pasión era llevar el Evangelio a todos. Anima a todos los cristianos a reflexionar sobre las situaciones en las que podrían actuar y predicar por la palabra y el testimonio de vida. El *Catecismo* une testimonio misionero a vida moral, diciendo: "La fidelidad de los bautizados es una condición primordial para el anuncio del Evangelio y para la misión de la Iglesia en el mundo" (no. 2044).

11 DE OCTUBRE
San Juan XXIII, Papa (1881–1963)
Memoria opcional

Nacido Angelo Giuseppe Roncalli en 1881 en Italia, ingresó en el seminario cuando sólo tenía 11 años. A los 14 años de edad, empezó a redactar sus apuntes espirituales, que siguieron durante toda su vida y se han recogido como el *Diario de un alma*. Fue ordenado sacerdote en 1904, y pronto empezó a trabajar como secretario del obispo de Bérgamo. Colaboró en diversas revistas católicas y fue profesor de historia, patrología y apologética en el seminario. Cuando en 1915 Italia entró en guerra, Roncalli fue movilizado como sargento de sanidad y también fue capellán castrense en los hospitales. Al terminar la guerra, el Papa Benedicto XVI le llamó a presidir la Pontificia Obra para la Propagación de la Fe, y también fue visitador apostólico para Bulgaria, para lo que fue ordenado obispo. También fue más tarde delegado apostólico en Turquía y Grecia. Durante la Segunda Guerra Mundial puso a salvo a muchos judíos, ayudó a prisioneros de guerra y se preocupó por la organización eclesiástica de Francia. En 1954 fue creado cardenal y promovido al

Patriarcado de Venecia. En 1958 fue elegido Papa, tomando el nombre de Juan XXIII. Convocó el Concilio Ecuménico Vaticano II y escribió importantes encíclicas de doctrina social, como *Mater et magistra* y *Pacem in terris*.

El *Catecismo* cita las encíclicas de Juan XXIII varias veces en referencia a los derechos humanos y el ejercicio de la autoridad. Siempre se le recuerda como el "Papa bueno", por su gran bondad, su sonrisa y sentido del humor, y su cercanía al pueblo. Era humilde y sencillo y muy activo, y practicó las obras de misericordia espirituales y corporales. Su papado duró solamente cinco años, pero ha dejado una huella imborrable.

14 DE OCTUBRE
San Calixto I, Papa y mártir (†222)
Memoria opcional

Calixto es mencionado en un antiguo relato de los mártires, junto con los Papas Ponciano, Fabián, Cornelio y Sixto I. Calixto tuvo una vida muy interesante y difícil. Fue esclavo y, una vez liberado, fue fundador de un banco en Roma. Fue acusado de un crimen y condenado, pero luego liberado; acusado de nuevo, fue condenado a trabajos forzados en las minas de sal. Liberado por intercesión del Papa Víctor, fue a Anzio, donde fue ayudado por la comunidad cristiana. Ordenado sacerdote por el Papa Ceferino (198–217), se le confió el cementerio que más tarde pasaría a ser catacumba de los Papas. Fue nombrado Papa, pero una minoría se opuso, creando un primer cisma en la Iglesia. En los cinco años de su pontificado fue notable por su defensa de la doctrina tradicional de la Iglesia y su actividad pastoral. Hizo cambios en las prácticas penitenciales y en las leyes matrimoniales. No existe relato detallado de su martirio, pero ha sido siempre honrado como mártir.

Su vida de conversión y de adhesión a la recta doctrina de la Iglesia son un ejemplo de lo que nos dice el *Catecismo* sobre la misión del Magisterio: "está ligada al carácter definitivo de la Alianza instaurada por Dios en Cristo con su pueblo; debe protegerlo de las desviaciones y de los fallos, y garantizarle la posibilidad objetiva de profesar sin error la fe auténtica" (no. 890).

15 DE OCTUBRE
Santa Teresa de Jesús, virgen y doctora de la Iglesia (1515–1582)
Memoria obligatoria

Teresa de Cepeda y Ahumada nació en Ávila, España, de una familia de ascendencia judía. De niña, era muy devota y jugaba con su hermano a ir a tierras donde pudieran sufrir el martirio. Más tarde se enfrió su fervor, y decayó en su espíritu de oración. Pero a los 20 años, leyendo las cartas de san Jerónimo, decidió ingresar en el Carmelo. Pero incluso en el Carmelo le gustaba tener visitas y andaba distraída, hasta que un día, contemplando una figura de Cristo en su flagelación, tuvo una fuerte conversión y decidió entregarse más seriamente a la oración. Empezó a reformar el Carmelo de monjas y, junto con san Juan de la Cruz, también el masculino. Escribió mucho y entre sus obras más importantes e influyentes están el *Libro de la Vida*, el *Camino de Perfección*, y las *Moradas*, así como muchos poemas. Fundó más de 40 conventos.

Teresa ha influido la vida de oración de muchos cristianos y ha inspirado muchas conversiones a Cristo. El *Catecismo* cita varias veces las obras de Teresa, con algunas de sus frases y poemas más conocidos. Es especialmente importante su definición de oración: "oración… no es otra cosa… sino tratar de amistad, estando muchas veces tratando a solas con quien sabemos nos ama" (no. 2709)*.

16 DE OCTUBRE
Santa Eduviges, religiosa (1174–1243)
Memoria opcional

Venía de una familia aristocrática, y también de santos. Era duquesa de Silesia, hija de Bertoldo IV de Bavaria, y tenía dos hermanos obispos y una hermana abadesa; otra de sus hermanas era reina de Hungría (madre de santa Isabel), y otra se casó con Felipe II de Francia. Educada en un monasterio benedictino, Eduviges desarrolló pronto un gran amor por la Sagrada Escritura. A los 12 años se casó con Enrique I, con quien tuvo siete hijos. Fue una esposa y madre modelo y puso sus medios y recursos al servicio de la caridad para con los más necesitados. Convenció a su esposo para que fundara un monasterio cisterciense y ahí se retiró a la muerte de éste, aunque ella nunca fue monja.

A pesar de todas sus posiciones, recursos y prestigio familiar, Eduviges se distingue por su gran humildad, sencillez y desprendimiento, siguiendo el ejemplo del vaciamiento de

---

*   Santa Teresa de Jesús, *Libro de la vida*, 8.

Cristo. Su vida es reflejo de las bienaventuranzas de las que habla el *Catecismo*: "Las bienaventuranzas revelan un orden de felicidad y de gracia, de belleza y de paz" (no. 2546).

(EL MISMO DÍA)
Santa Margarita María de Alacoque, virgen (1647–1690)
Memoria opcional

Margarita tuvo una vida difícil. Nació en una familia de clase media francesa, pero su padre murió cuando ella sólo tenía ocho años. La ingresaron en la escuela de las Clarisas. Desde el primer momento se sintió atraída por la vida de las religiosas. Pronto contrajo una enfermedad reumática, que la obligó a regresar a casa, donde se habían instalado algunos parientes que trataban mal a su madre y a sus hermanos. Contra todos los consejos y presiones de la familia, a los 24 años ingresó en el convento de monjas de la Visitación. Siempre tuvo problemas de salud, así como luchas interiores. Tuvo revelaciones de Cristo que la invitaban a extender la devoción al Sagrado Corazón, pero sus superiores se resistían a la idea, hasta que, por fin, una de sus hermanas religiosas, que era amiga suya, fue nombrada superiora de la comunidad y apoyó a Margarita en este esfuerzo. En 1856, el Papa Pío IX estableció su fiesta para la Iglesia universal y en 1929, Pío XI la elevó a solemnidad.

El gran amor de Margarita por el Corazón de Jesús fue para ella fortaleza en medio de todas las dificultades de la vida; y su esfuerzo por extender la devoción ha sido una preciosa herencia para toda la Iglesia. De la obra del Corazón de Jesús en la vida de los fieles nos dice el *Catecismo*: "La participación en el Santo Sacrificio nos identifica con su Corazón, sostiene nuestras fuerzas a lo largo del peregrinar de esta vida, nos hace desear la Vida eterna" (no. 1419).

17 DE OCTUBRE
San Ignacio de Antioquía, obispo y mártir (50–107?)
Memoria obligatoria

Ignacio fue el tercer obispo de Antioquía, condenado por Trajano a ser conducido a Roma para ser ejecutado allí. De camino paró en Esmirna donde escribió cuatro importantes cartas: a los cristianos de Éfeso, Magnesia, Tralles y Roma. Desde Torvas escribió otras tres cartas a los fieles de Filadelfia y Esmirna y a san Policarpo. Al fin llegó a Roma, donde fue devorado por las fieras.

Estas cartas, casi tan antiguas como la propia Biblia, son testimonio precioso de la fe de la Iglesia primitiva y ofrecen una importante descripción de la vida de los primeros cristianos. De ellas se aprende el profundo amor de Ignacio a Cristo, a la Eucaristía y a la Iglesia y su fortaleza en la defensa de su fe hasta el final. El *Catecismo* cita repetidamente sus comentarios sobre la Eucaristía. "Partimos un mismo pan que es remedio de inmortalidad, antídoto para no morir, sino para vivir en Jesucristo para siempre" (no. 1405)*.

---

* San Ignacio de Antioquía, *Epistula ad Ephesios*, 20. 2.

18 DE OCTUBRE
San Lucas, Evangelista
Fiesta

La tradición indica que era de Siria y era doctor. Fue compañero de Pablo en su segundo viaje y también aparece al final de la vida de Pablo. Es posible que después fuera a Grecia. Es autor del tercer Evangelio y Hechos de los Apóstoles. Es el único Evangelio que registra la Anunciación e infancia de Jesús y se conoce como un Evangelio que enfatiza la misericordia y el perdón, particularmente a través de la serie de parábolas de la oveja perdida, la dracma perdida, el hijo pródigo y el Buen Samaritano. También es el Evangelio donde aparece la presencia y función de la mujer más fuertemente, empezando por María e Isabel en el primer capítulo.

Su fiesta se introdujo en Occidente en el s. IX. El *Catecismo* cita su Evangelio y Hechos de los Apóstoles innumerables veces, incluyendo la bellísima descripción de la vida de los primeros cristianos que se hace en Hechos 4:32: "El grupo de los creyentes tenía un solo corazón y una sola alma: nadie llamaba suyo propio nada de lo que tenían, pues lo poseían todo en común" (no. 2790).

San Juan de Brebeuf (1593–1649) e Isaac Jogues (1607–1646), presbíteros, y compañeros, mártires
Memoria obligatoria [USA]

Eran seis jesuitas y dos laicos. Son los primeros misioneros jesuitas que partieron de Francia a Canadá y Norte América. Trabajaron incansablemente con las tribus indígenas desde Nueva Escocia a Maryland. Los jesuitas tenían un centro de misión en Quebec y servían a 20,000 hurones en 30 aldeas. Juan fundó escuelas y escribió un catecismo y un diccionario en hurón para poder mejor llevar a cabo el trabajo de catequesis. Isaac había renunciado a su carrera como profesor de literatura en Francia para trabajar en América. Todos ellos tuvieron oportunidades de regresar a Francia, e Isaac lo hizo después de haber sido torturado horriblemente, pero decidió regresar a estar con el pueblo a pesar de las persecuciones y los peligros de muerte. Cada uno de ellos recibió el martirio en distintos momentos y lugares a lo largo de varios años. Sus sufrimientos no fueron en vano, ya que muchos iroqueses se convirtieron y la primera santa indígena canonizada, Kateri Tekakwitha, es fruto también de esos primeros esfuerzos.

Los mártires norteamericanos mantuvieron su compromiso evangelizador con el pueblo de todas las maneras que les sugirió su amor por Cristo y su creatividad. Respondieron a lo que dice el *Catecismo* de la llamada de Dios a los fieles: "Quienes con la ayuda de Dios han acogido el llamamiento de Cristo y han respondido libremente a él, se sienten por su parte urgidos por el amor de Cristo a anunciar por todas partes en el mundo la Buena Nueva" (no. 3).

20 DE OCTUBRE
San Pablo de la Cruz, presbítero (1694–1775)
Memoria opcional [USA]

Pablo Francisco Danei, genovés, de una familia de comerciantes, se alistó en el ejército, pero lo dejó al año siguiente. Siempre había sido piadoso y muy austero, y en varias ocasiones sintió la llamada a fundar una congregación. Entró en discernimiento con su obispo, quien le aconsejó seguir adelante con la idea. Pablo se retiró durante cuarenta días y escribió la Regla de lo que sería la Congregación de la Pasión. Su hermano y dos amigos se le unieron y Pablo y su hermano fueron ordenados sacerdotes por el Papa Benedicto XIII. La Congregación de la Pasión tenía un cuarto voto de devoción a la Pasión. Poco antes de morir, fundó la rama femenina, cuya representante más conocida sería Santa Gema Galgani.

La contemplación de la Pasión, en todo su misterio y profundidad, ha sido el impulsor de la santidad de muchos y motivo de conversión de muchos a través de todos los tiempos. El *Catecismo* enfatiza el valor de la contemplación como camino de santidad: "Esta atención a Él es renuncia a mí. Su mirada purifica el corazón" (no. 2715).

22 DE OCTUBRE
San Juan Pablo II, Papa (1920–2005)
Memoria opcional

Karol Wojtyla, nacido en Polonia, había sido un joven deportista, escritor y actor de teatro. Después de su ordenación sacerdotal, trabajó mucho con los jóvenes del país y mantuvo la fe de muchos en un momento en que la práctica de la religión tenía que ser clandestina a causa de la represión del régimen comunista. Antes de su elección como Papa, había sido arzobispo de Cracovia y era reconocido como uno de los mayores líderes de la Iglesia polaca. Con uno de los pontificados más largos y más fructíferos, Juan Pablo II es, además, uno de los Papas de mayor popularidad y atractivo. Fue elegido Papa en 1978. Hizo 146 visitas pastorales, visitó 312 de las 332 parroquias de Roma, hizo 104 viajes internacionales y escribió muchísimas encíclicas, exhortaciones apostólicas y cartas apostólicas. Sus catequesis semanales se recogieron en libros y en todo un estudio sistemático de la teología del cuerpo. Sufrió un atentado en 1981, y cuando se recuperó perdonó a su atacante. En el área internacional fue instrumental en la democratización de Polonia y las negociaciones de diversos conflictos internacionales. Promovió la devoción a la Divina Misericordia, y fue el iniciador de las Jornadas Mundiales de la Juventud que tanto fruto han dado a la Iglesia en la vitalización de la fe de los jóvenes y en muchas llamadas vocacionales. En medio de los sufrimientos de sus últimos años, dio testimonio del valor de la vida humana en toda circunstancia y edad, y de la unión al sufrimiento de Cristo en la Cruz.

El lema de Juan Pablo II era "Totus tuus", como resumen de su consagración y devoción total a la Santísima Virgen María. Son notables, además, las citas del *Catecismo* de sus muchas obras. En su encíclica sobre la dignidad de la mujer, dice: "La dimensión mariana de la Iglesia precede a su dimensión petrina" (no. 773)*.

23 DE OCTUBRE
San Juan de Capistrano, presbítero (1386–1456)
Memoria opcional

Nacido en Capistrano, Italia, de una familia nórdica que había emigrado, estudió derecho en Perugia y fue gobernador. Tomado prisionero cuando un enemigo de la ciudad invadió Perugia, se dice que tuvo una visión en la que san Francisco le invitaba a ser franciscano. Tanto si la visión fue cierta o no, la verdad es que Juan entró en el seminario franciscano y tuvo como maestro a san Bernardino de Siena. Después de su ordenación se entregó a la predicación y fue misionero en Alemania, Austria, Polonia y Hungría. Asistió al Papa como nuncio y legado en Francia. Por sus escritos y predicación consiguió la conversión de muchos y ayudó a muchas personas a discernir su vocación a la vida religiosa.

Se considera a Juan uno de los mayores apóstoles de Europa. Su vida es modelo del trabajo y el celo incansables que deben animar a los seguidores de Cristo. Juan supo ser instrumento del Señor para las diversas misiones a las que se le llamó. El *Catecismo* expresa esta llamada y respuesta:

---

* Juan Pablo II, enc. *Mulieris dignitatem*, 27.

"El enviado del Señor habla y obra no con autoridad propia, sino en virtud de la autoridad de Cristo; no como un miembro de la comunidad, sino hablando a ella en nombre de Cristo. Nadie puede conferirse a sí mismo la gracia, ella debe ser dada y ofrecida" (no. 875).

24 DE OCTUBRE
San Antonio María Claret, obispo (1807–1870)
Memoria opcional

Nació en Cataluña, España. Su padre era tejedor, y enseñó el oficio a Antonio, quien lo practicó durante unos años, pero siempre supo interiormente que su camino era el del sacerdocio. En 1829 entró en el seminario. Después de su ordenación fue nombrado párroco de su pueblo, y luego fue llamado a Roma a trabajar en la Propagación de la Fe, pero tuvo que regresar a España por razones de salud. A su regreso, se dedicó a un apostolado de predicación itinerante y misiones populares. Para facilitar la enseñanza a las personas más sencillas, escribió más de 150 libros con formación sencilla y accesible a la gente. Con otros cinco sacerdotes amigos, fundó la Congregación de Misioneros Hijos del Corazón Inmaculado de María, ahora conocidos como claretianos. Fue nombrado obispo de Santiago de Cuba y realizó allí un importante trabajo pastoral de regularización de matrimonios, organización laboral, educación de los trabajadores en ahorros y economía, y lucha contra la esclavitud, que todavía se practicaba en la isla. Frecuentemente estuvo amenazado de muerte y en una ocasión resultó herido. Fue llamado a España para ser confesor de la Reina y desde esa posición tuvo influencia en el nombramiento de obispos y en la defensa de las congregaciones religiosas que estaban siendo atacadas por el gobierno en España. Ayudó a preparar el Concilio Vaticano I, pero por las tensiones políticas en España, tuvo que marchar a Francia en exilio con la reina. Murió en Fontfroide, Francia.

Su lema, que inculcaba a sus misioneros, y que practicaba en sus decisiones y acciones, estaba motivado por un verdadero celo misionero y evangelizador: Ir a donde sea más urgente, más necesario y más eficaz. Su legado de evangelización popular utilizando los medios de comunicación todavía tiene influencia en todo el mundo. Comprendió bien lo que dice el *Catecismo* sobre los medios de comunicación: "Dentro de la sociedad moderna, los medios de comunicación social desempeñan un papel importante en la información, la promoción cultural y la formación" (no. 2493).

28 DE OCTUBRE
Santos Simón y Judas, Apóstoles
Fiesta

Según un relato de san Fortunato, obispo de Poitiers en el s. VI, Simón y Judas fueron martirizados en Persia. Simón, llamado el "Zelote", predicó en Egipto y luego fue con Judas a Persia. Judas es el autor de una carta del Nuevo Testamento en la que avisa a los cristianos conversos sobre falsas enseñanzas. Se piensa que evangelizó Egipto y Mauritania. Se le llama Judas Tadeo para distinguirlo del Iscariote. Según la tradición, era pariente de Jesús, pero no se sabe mucho más de él. La devoción a san Judas está muy extendida, especialmente en los Estados Unidos y México, donde los fieles acuden a él en "casos difíciles y desesperados".

Estos primeros apóstoles, en relación directa e íntima con Cristo, recibieron la misión de edificar sobre la piedra angular, que es Cristo, como dice el *Catecismo*: "Los apóstoles construyen la Iglesia sobre ese fundamento que le da solidez y cohesión" (no. 756).

NOVIEMBRE

Todos los Santos
Solemnidad

En los primeros tiempos, los cristianos empezaron a celebrar los aniversarios de las muertes de los santos en el lugar de su martirio. Pero luego, diócesis vecinas empezaron a intercambiar reliquias y a unir celebraciones en una fiesta común. Durante la persecución de Diocleciano el número de mártires era tan alto, que no se podían asignar días separados para cada uno, así que se empezaron a agrupar en fechas comunes, y eso dio paso a diversas celebraciones de muchos santos por todo el mundo cristiano. En 609, el Papa Bonifacio dedicó el panteón en Roma en honor de la "Siempre Virgen María y todos los mártires". El Papa Gregorio III (731–741) consagró una capilla de la Basílica de san Pedro a todos los santos y fijó la fiesta el primero de noviembre.

La fiesta de hoy es una acción de gracias universal por la multitud de hombres y mujeres que, fieles a la voluntad de Dios, fueron testigos del Reino a través de todos los tiempos. Estos hombres y mujeres de toda raza, clase social, y estado de vida nos ofrecen a todos los cristianos una prueba de que la gracia de Dios actúa en todo tiempo y que todos podemos alcanzar el Reino eterno. De esta santidad nos beneficiamos todos, que estamos unidos por la caridad y la gracia como dice el *Catecismo*: "Estos bienes espirituales de la comunión de los santos, los llamamos también el *tesoro de la Iglesia*" (no. 1476).

2 DE NOVIEMBRE
Conmemoración de Todos los Fieles Difuntos

Ya san Agustín había comentado la conveniencia de tener conmemoraciones de los difuntos además del día de los aniversarios individuales, y, desde el s. VII, muchos monasterios dedicaron un día especial al recuerdo de los difuntos. En la abadía benedictina de Cluny se empezó a celebrar este recuerdo el 2 de noviembre, y la fiesta se extendió a Roma en el siglo XIV. La fiesta se celebra siempre, incluso si cae en domingo. El sentido de la celebración es, en realidad, pedir por la Iglesia "purgante", y en muchos países de habla hispana, esta celebración adquiere una importancia muy fuerte, con diversas tradiciones culturales de honrar y celebrar la vida de familiares y personas queridas fallecidas y de afirmar que la promesa del cielo es para todos los que acepten la vida y la misericordia de Dios.

Celebramos también la esperanza de nuestra propia resurrección, como nos dice el *Catecismo*: "Dios devolverá la vida incorruptible a nuestro cuerpo transformado, reuniéndolo con nuestra alma. Así como Cristo ha resucitado y vive para siempre, todos nosotros resucitaremos en el último día" (no. 1016).

3 DE NOVIEMBRE
San Martín de Porres, religioso (1579–1639)
Memoria obligatoria

San Martín es uno de los santos más populares entre las personas de habla hispana. Era hijo de un noble español y una mujer negra panameña, que nunca se casaron, pero le dieron una educación cristiana. Martín estudió farmacia y enfermería y llegó a ser cirujano. Intentó ser monje dominico, pero por ser mulato, no se le admitió en un principio, aunque después profesó como hermano lego. Hizo su apostolado entre los enfermos y pobres y prácticamente estableció un hospital dentro del monasterio. Sufrió discriminación, dentro del monasterio, pero a su muerte, acudieron miles de personas de todas las clases sociales de Lima, reconociendo la enorme labor que había hecho en la ciudad. Es contemporáneo de santo Toribio de Mogrovejo, Francisco Solano, santa Rosa de Lima y san Juan Macías.

Se le atribuían hechos maravillosos, como la obediencia que le rendían los animales, y el don de bilocación, que le permitía servir a diversas poblaciones al mismo tiempo. A veces conocido como "Fray Escoba" (por los trabajos humildes que se le asignaban), Martín brilla por su gran humildad y sencillez, y es modelo de lucha pacífica por la justicia social y contra el racismo. De la bienaventuranza de la pobreza, que es herencia de gloria para los pequeños, dice el *Catecismo*: "La confianza en Dios dispone a la bienaventuranza de los pobres: ellos verán a Dios" (no. 2547).

4 DE NOVIEMBRE
San Carlos Borromeo, obispo (1538–1584)
Memoria obligatoria

Carlos venía de una familia rica e influyente del norte de Italia. Su madre era Margarita de Médici, hermana del futuro Papa Pío IV. Carlos estudió en Pavía y obtuvo doctorados en Derecho Civil y Canónico en París. Una vez ordenado sacerdote, fue llamado a Roma para servir en el Vaticano, donde ocupó diversos cargos de importancia. Estando todavía en Roma, su tío Pío IV lo nombró cardenal y arzobispo de Milán. En lugar de buscar su propio beneficio y aprovecharse de su posición y conexiones familiares, regresó a Milán y trabajó fuertemente como buen pastor. Fue uno de los héroes de la Contrarreforma, luchando contra la corrupción. Reformó institutos religiosos y estableció seminarios, escuelas y hospitales para víctimas de la peste. Fue un hombre de oración y modelo de obispo en todos los aspectos.

Es un gran ejemplo de integridad y fortaleza aunque estaba rodeado de excesos y abusos en el uso del poder incluso por personas que se llamaban cristianos. Perseverar en la verdad requiere valor. Dice el *Catecismo*: "La verdad o veracidad es la virtud que consiste en mostrarse veraz en los propios actos… evitando la duplicidad, la simulación y la hipocresía" (no. 2468).

9 DE NOVIEMBRE
Dedicación de la Basílica de Letrán
Fiesta

Fue establecida por el emperador Constantino y los Papas normalmente vivieron ahí desde el s. IV, en lugar de en el Vaticano. Hoy día sigue siendo la catedral de Roma. En la entrada hay una inscripción que afirma que ésta es la Madre de todas las iglesias. Los patrones son san Juan Evangelista y san Juan Bautista, pero también se conoce como Basílica del Salvador.

Se celebra en esta fiesta el sentido teológico del templo como lugar de la presencia de Dios, y anticipo de la Nueva Jerusalén, como nos indica el *Catecismo*: "representado en los templos […] la liturgia, con razón, lo compara a la ciudad santa, a la nueva Jerusalén. En ella, en efecto, nosotros como piedras vivas entramos en su construcción en este mundo" (no. 756).

10 DE NOVIEMBRE
San León Magno, Papa y doctor de la Iglesia (†461)
Memoria obligatoria

Nació en Toscana entre 390 y 400, y fue educado en Roma. Fue llamado a Francia a tratar de reconciliar a grupos divididos y mientras estaba allí fue elegido Papa, sucediendo a Sixto III. Se enfrentó a las numerosas herejías de su tiempo:

maniqueísmo, nestorianismo y priscilianismo. León luchó valientemente por la comunión con la Iglesia y defendió la doctrina de la Encarnación en el Concilio de Calcedonia. Escribió mucho sobre liturgia, política, homilética, y Sagrada Escritura. Se dice que es uno de los Papas más influyentes de la Iglesia, por lo que fue el primero en ser llamado "Magno".

Su claridad de doctrina ofrece importantes apoyos al entendimiento de la fe. El *Catecismo* lo cita varias veces. En referencia a la vida en Cristo, dice: "Cristiano, reconoce tu dignidad. Puesto que ahora participas de la naturaleza divina, no degeneres volviendo a la bajeza de tu vida pasada. Recuerda a qué Cabeza perteneces y de qué Cuerpo eres miembro" (no. 1691)[*].

11 DE NOVIEMBRE
San Martín de Tours, obispo (317–397)
Memoria obligatoria

Su padre era un oficial romano, y Martín, aunque nacido en Hungría, fue educado en Italia. Se alistó a la guardia imperial. Cuentan que depuso las armas después de que se encontró con un pordiosero y partió su capa por la mitad para compartirla con él; más tarde, tuvo una visión de Cristo que llevaba esa misma capa. Fue bautizado después de seis años de catecumenado; regresó a Hungría y logró acercar a su madre al cristianismo. Luego marchó a Poitiers, en Francia, donde se hizo ermitaño. Se asegura que obraba milagros y cuando fundó un monasterio en 375, atrajo muchas vocaciones. Fue

---

[*]   San León Magno, *Sermones*, 21, 2-3, PL 54, 192A.

elegido obispo de Tours en 379, dedicando todos sus esfuerzos a la evangelización. Fue muy amado y popular entre su pueblo.

Su vida combinaba bien los dos ejes de la vida cristiana: oración y apostolado. Invita a una vida de oración que da fruto, según nos dice el *Catecismo*: "La oración es cristiana en tanto en cuanto es comunión con Cristo y se extiende por la Iglesia que es su Cuerpo" (no. 2565)*.

12 DE NOVIEMBRE
San Josafat, obispo y mártir (1580–1623)
Memoria obligatoria

Era un hombre de negocios en Vilna, Lituania, pero los abandonó. Había sido ortodoxo pero se unió a la Iglesia Católica de rito oriental, y dedicó el resto de su vida a trabajar por la unión de los cristianos. En 1604 se hizo monje basiliano y emprendió una reforma de la congregación. Fue nombrado coadjutor del arzobispo de Polotsk y le sucedió en el cargo. Organizó sínodos y catequesis para la evangelización de su diócesis. Sus esfuerzos suscitaron muchos recelos en las clases dominantes e incluso en parte del clero. Le acusaron de poner en peligro la paz, ya que, en un momento de conflicto con los turcos, era más conveniente estar del lado de los países ortodoxos. Una turba lo asesinó y lo arrojó al río. Sus restos reposan en la Basílica de San Pedro, en Roma.

La unidad de todos los que creen en Cristo es deseo de Dios. Dice el *Catecismo*: "Cristo y la Iglesia son… el Cristo

---

*   Cf. Ef 3:18-21.

total… Los santos tienen una conciencia muy viva de esta unidad" (no. 795).

13 DE NOVIEMBRE
Santa Francisca Javier Cabrini, virgen (1850–1917)
Memoria obligatoria [USA]

Era la más pequeña de muchos hermanos y siempre tuvo mala salud. Quiso ser religiosa, pero la rechazaron en varias comunidades por su condición física. Entonces su obispo le aconsejó que ella misma creara una comunidad. Así nació la comunidad de Hermanas Misioneras del Sagrado Corazón. Ella siempre quiso ser misionera y soñaba con ir a China. Pero una y otra vez le aconsejaban ir a América, y ella se resistía, hasta que el Papa León XIII le dijo que no debía ir a Oriente, sino a Occidente, y le pidió que fuera a los Estados Unidos donde había muchos inmigrantes italianos. Llegó a Nueva York con cuatro hermanas más y a los pocos meses había abierto un orfanato y una escuela. En pocos años había 67 instituciones y casas de la congregación. Murió en Chicago en 1917.

Su mala salud no fue obstáculo para ella para escuchar la voz de Dios y cumplir su voluntad con entusiasmo y energía. Sus esfuerzos por ayudar a los inmigrantes reflejan el tipo de alma descrita por Pío XII en un discurso que cita el *Catecismo* sobre el heroísmo caritativo: "de los mensajeros de fe, de civilización, de ciencia, a todas las generaciones… con el fin de crear condiciones sociales capaces de hacer posible a todos una vida digna del hombre y del cristiano" (no. 1942)[*].

---

[*]   Pío XII, discurso del 1 de junio 1941.

15 DE NOVIEMBRE
San Alberto Magno, doctor de la Iglesia (1206–1280)
Memoria opcional

Era alemán, entró en la Orden de Predicadores en Colonia y enseñó en Friburgo, donde tuvo como alumno a santo Tomás de Aquino. Fue un escritor prolífico sobre temas de Escritura, teología y filosofía, y también se le recuerda por su estudio científico. Escribió también mucho sobre la Virgen. Fue nombrado provincial dominico en Alemania y obispo de Regensburgo, pero renunció para predicar una cruzada en países de habla alemana. Asistió al Concilio de Lyon en 1274 y defendió las enseñanzas de Tomás de Aquino, que había muerto recientemente. Es patrón de los estudiantes de ciencias.

Alberto puso su brillante inteligencia y todos sus talentos al servicio de la Iglesia y de la evangelización. En su investigación y estudio dio gloria a Dios que, como dice el *Catecismo*: "Dios, único Creador del cielo y de la tierra*, es el único que puede dar el conocimiento verdadero de todas las cosas creadas en su relación con Él" (no. 216)**.

---

*   Cf. Sal 115:15.
**   Cf. Sb 7:17-21.

16 DE NOVIEMBRE
Santa Margarita de Escocia
(1046–1093)
Memoria opcional

La familia noble inglesa de Margarita vivía exiliada en Hungría cuando ella nació. Al retorno de su tío, Eduardo el Confesor, regresaron a Inglaterra. Pero algo más tarde, un nuevo conflicto político los obligó a marchar a Escocia. Allí, el rey Malcolm III pidió a Margarita en matrimonio. Como reina de Escocia, Margarita soportó pacientemente las brutalidades de su marido, al que, poco a poco, fue convirtiendo en un hombre de gran virtud. Tuvieron ocho hijos y dos, Edith y David, están canonizados también. Margarita convocó un sínodo con el fin de terminar con irregularidades eclesiásticas y restableció costumbres romanas, tal como el comienzo de Cuaresma en el Miércoles de Ceniza. También decretó que en su reino el domingo fuera día de descanso. Construyó iglesias, monasterios, y orfanatos.

A pesar de ser una mujer de tanto poder y energía, destacó por su profunda humildad y su amor y servicio a los pobres, a quienes atendía personalmente. Supo encarnar en sí misma lo que dice el *Catecismo* sobre el servicio a los demás: "El deber de hacerse prójimo de los demás y de servirlos activamente se hace más acuciante todavía cuando éstos están más necesitados en cualquier sector de la vida humana" (no. 1932).

(EL MISMO DÍA)
Santa Gertrudis, virgen (1256–1302)
Memoria opcional

Desde muy pequeña fue educada en un monasterio benedictino. Era una joven muy inteligente y utilizó bien su instrucción. Hizo su profesión religiosa y a continuación tuvo muchas revelaciones. Era muy devota del misterio de la Encarnación, centrándose en el Sagrado Corazón y la Eucaristía. Fue autora de varios volúmenes de obras espirituales y su influencia se extendió por toda Europa. Dos siglos más tarde, santa Margarita María de Alacoque y san Juan Eudes continuarían su obra de extensión de la devoción al Sagrado Corazón.

El nombre de Gertrudis significa "fiel defensora", y esta santa hizo honor a ese nombre, siendo defensora de los misterios en los que tan profundamente creía y dándolos a conocer. Nos enseña que los dones y las inspiraciones que se nos conceden no son para nosotros mismos, sino para el bien de los demás.

17 DE NOVIEMBRE
Santa Isabel de Hungría, religiosa (1207–1231)
Memoria obligatoria

Sólo tenía cuatro años cuando fue prometida en matrimonio a Luis IV de Turingia. Fue un matrimonio feliz, porque Luis era un hombre bondadoso y cristiano y no ponía ninguna objeción a que Isabel distribuyera recursos y bienes de palacio entre los más necesitados. Tuvieron tres hijos, pero Luis murió en una epidemia lejos de Hungría cuando se dirigía a una cruzada, días antes de que naciera la última de sus hijas. Isabel, viuda a los 20 años y muy criticada por su suegra y otros familiares de Luis, dejó el castillo y dedicó el resto de su vida a las obras de caridad, haciéndose terciaria franciscana. Fundó un hospital donde trabajó los últimos cuatro años de su vida y murió cuando sólo tenía 24 años. Es patrona de los terciarios franciscanos.

En una sociedad que a menudo se aferra al rango social y a las posesiones, el testimonio de Isabel resuena como si fuera hoy y nos recuerda lo que dice el *Catecismo*: "El precepto del desprendimiento de las riquezas es obligatorio para entrar en el Reino de los cielos" (no. 2544).

18 DE NOVIEMBRE
Dedicación de las Basílicas de San Pedro y San Pablo, apóstoles
Memoria opcional

La dedicación de San Pedro tuvo lugar aproximadamente en 350 y la de San Pablo en 390. La construcción de la Basílica de San Pedro fue iniciada por Constantino sobre un cementerio pagano que más tarde fue lugar de enterramiento cristiano. La tumba de san Pedro se encuentra bajo el altar mayor de la basílica. La Basílica de San Pablo fue re-consagrada por Pío IX en 1854, ya que había sido reparada después de un incendio el año 1823. La fiesta data del siglo XI, y fue inscrita en el Calendario Romano en 1568.

Esta fiesta es un recuerdo de que, incluso aunque todos somos distintos, en la Iglesia, como los Apóstoles, estamos llamados a profesar una única fe. El *Catecismo* cita a san Ireneo de Lyon hablando de esta unidad en la Iglesia: "la predica, la enseña y la transmite con voz unánime, como no poseyendo más que una sola boca" (no. 173)*.

(EL MISMO DÍA)
Santa Rosa Filipina Duchesne, virgen (1769–1852)
Memoria opcional [USA]

Esta santa francesa ingresó joven en la Congregación de la Visitación, pero, a causa de la persecución religiosa durante la Revolución francesa, la comunidad tuvo que dispersarse. Hasta que regresó la paz a Francia, Rosa se dedicó a hacer obras de caridad, en la esperanza de que su comunidad se reconstruyera. Cuando esto no se realizó, se unió a las monjas del Sagrado Corazón. El obispo local envió a Rosa y otras cuatro hermanas religiosas a St. Charles, Missouri a establecer una escuela. Las hermanas trabajaron con los jesuitas ya presentes en el lugar y los ayudaron de diversas maneras. Cuando ya tenía 72 años, la madre Rosa Filipina pudo realizar su propio sueño de ser misionera entre los indígenas americanos nativos. Abrió una escuela para niñas indígenas en Kansas. Cuando ya sus fuerzas físicas se iban debilitando, dedicó todo su tiempo a orar, ganándose entre los indígenas el nombre de "La mujer que siempre reza". El pueblo la amaba y respetaba.

---

* San Ireneo de Lyon, *Adversus haereses* 1, 10, 1-2.

Santa Rosa supo, en medio de dificultades, obstáculos y privaciones, mantener su entusiasmo por su vocación y por la misión a la que estaba llamada. Hablando de la oración, el *Catecismo* resume bien lo que debió de ser la vida de santa Rosa: "Este ardor incansable no puede venir más que del amor… humilde, confiado y perseverante" (no. 2742).

21 DE NOVIEMBRE
Presentación de la
Bienaventurada Virgen María
Memoria obligatoria

El Papa Gregorio XI estableció la fiesta para el rito latino en 1372, pero ya se había venido celebrando en monasterios del sur de Italia desde el s. IX, y la iglesia de rito oriental la celebraba desde el s. VI. La tradición de esta conmemoración viene de relatos apócrifos, según los cuales Joaquín y Ana, los padres de María, presentaron a la niña en el templo cuando sólo contaba tres años de edad. Muchos países de habla hispana toman de esta fiesta la costumbre de presentar a sus hijos en el templo a los tres años para pedir la bendición de Dios sobre ellos.

Si bien la tradición tiene orígenes apócrifos, esta devoción se apoya en el convencimiento de la total entrega y dedicación de María a Dios, en toda su vida. Como expresa el *Catecismo*: "Por su total adhesión a la voluntad del Padre, a la obra redentora de su Hijo, a toda moción del Espíritu Santo, la Virgen María es para la Iglesia el modelo de la fe y de la caridad" (no. 967).

22 DE NOVIEMBRE
Santa Cecilia, virgen y mártir (†230/250?)
Memoria obligatoria

En torno a la vida de Cecilia existen diversas leyendas, pero lo que sí es cierto es que fue una mártir romana de los primeros tiempos del cristianismo, y los fieles le tenían una gran devoción. Se construyó en Roma una basílica en su nombre en el s. V. Es patrona de la música sacra, y está nombrada en el Canon Romano.

Citando a los padres del Concilio Vaticano II, el *Catecismo* habla de la música en la liturgia: "La tradición musical de la Iglesia universal constituye un tesoro de valor inestimable que sobresale entre las demás expresiones artísticas… unido a las palabras, constituye una parte necesaria o integral de la liturgia solemne" (no. 1156)*.

23 DE NOVIEMBRE
San Clemente I, Papa y mártir (†97?)
Memoria opcional

El tercer sucesor de Pedro en el pontificado, Clemente ha sido venerado desde finales del siglo IV. Su culto se extendió de Roma a África del norte, España y Francia, e incluso a Bizancio, donde se tradujeron sus escritos al griego. Escribió una importante carta a los cristianos corintios, animándolos a la reconciliación y a procurar la paz entre ellos. Según san

---

* Cf. *Sacrosanctum Concilium*, 112.

Ireneo, Clemente fue un "hombre apostólico" porque había escuchado directamente la predicación de los apóstoles.

El *Catecismo* cita varias veces esta carta a los corintios incluyendo una bella y consoladora exhortación a la conversión del corazón: "Tengamos los ojos fijos en la sangre de Cristo y comprendamos cuán preciosa es a su Padre, porque, habiendo sido derramada para nuestra salvación, ha conseguido para el mundo entero la gracia del arrepentimiento" (no. 1432)*.

(EL MISMO DÍA)
San Columbano, abad (543–615)
Memoria opcional

Este santo irlandés tuvo una amplia educación académica y religiosa. Ingresó en la vida monástica y fue a Francia con doce compañeros y allí fundó varios monasterios, a quien impuso una Regla muy estricta. Después de algunos conflictos con obispos franceses, fue expulsado de Francia y marchó con sus monjes a Italia, donde fundaron un monasterio entre Génova y Piacenza. Trabajó por la conversión de las autoridades civiles para que, a su vez, llevaran a los súbditos a la fe. Transformó costumbres, luchó por la reforma del clero y reemplazó la penitencia pública por la confesión privada.

Las gracias del sacramento de la Reconciliación, por cuya práctica tanto trabajó Columbano, están ampliamente explicadas en el *Catecismo*, animando a los fieles a la conversión y una vida paciente y perseverante: "Volver a la comunión con Dios, después de haberla perdido por el pecado, es

---

* San Clemente de Roma, *Epistula ad Corinthios*, 7,4.

un movimiento que nace de la gracia de Dios, rico en misericordia y deseoso de la salvación de los hombres" (no. 1489).

(EL MISMO DÍA)
Beato Miguel Agustín Pro, presbítero y mártir (1891–1927)
Memoria opcional [USA]

Nacido en Guadalupe, México, entró en el noviciado jesuita en 1911. La persecución religiosa en México se recrudeció mucho en 1914, y todos los novicios jesuitas tuvieron que salir, primero a California y luego a varios lugares de Europa. Miguel completó sus estudios en Europa y se ordenó allí. Por enfermedad, regresó a México y a su llegada, el gobierno prohibió totalmente el culto público, pero Miguel continuó oficiando clandestinamente. En noviembre de 1927, hubo un atentado contra el presidente Calles, con una bomba lanzada desde un automóvil que había sido propiedad de un hermano de Miguel. Acusados falsamente de conspiración, los tres hermanos Pro fueron arrestados y condenados a muerte. Miguel murió en el paredón, perdonando a sus verdugos, extendiendo los brazos en cruz y gritando: "Viva Cristo Rey". El presidente prohibió el funeral público, pero el pueblo lo desafió y salió a la calle a honrar a Miguel.

Miguel no se retiró de las obligaciones de su ministerio sacerdotal ni ante dificultades físicas ni ante amenazas. Aún a riesgo de su propia vida, mantuvo con entusiasmo y esperanza su identidad sacerdotal y su anuncio evangélico.

24 DE NOVIEMBRE
Santos Andrés Dũng-Lạc, presbítero (†1839) y compañeros, mártires
Memoria obligatoria

Durante el s. XVI, se proclamó el Evangelio en diversas regiones de Vietnam, y muchas personas lo recibieron con alegría. Pero ya desde el s. XVII se sucedieron las persecuciones contra los cristianos, aunque con breves intervalos de paz. Así, 117 personas, de toda clase y procedencia, dieron su vida por la fe en distintos momentos: 96 vietnamitas, 11 españoles, y 10 franceses; ocho eran obispos, 50 sacerdotes y 59 laicos, que eran pescadores, profesionales y padres de familia. Andrés, sacerdote vietnamita, encabeza esta lista del grupo canonizado por Juan Pablo II en 1988. La fe está viva en Vietnam en la actualidad gracias al sacrificio y testimonio de estos hombres y mujeres de Dios.

El Evangelio es Buena Nueva para personas de toda raza y cultura. El esfuerzo de inculturación, sin embargo, repetidamente se ha llevado a cabo con dolor y dificultad. En su reflexión sobre la evangelización, el *Catecismo* enfatiza la necesidad de paciencia y perseverancia en esta misión: "El esfuerzo misionero exige la paciencia… se implica en un proceso de inculturación para así encarnar el Evangelio en las culturas de los pueblos" (no. 854)*.

---

*   Cf. Juan Pablo II, *Redemptoris missio*, 42-47.

25 DE NOVIEMBRE
Santa Catalina de Alejandría, virgen y mártir (siglo IV)
Memoria opcional

Joven de origen pagano, convertida al cristianismo, destacó por su brillante inteligencia y sabiduría. La tradición la sitúa cuando sólo tenía 18 años debatiendo con 50 filósofos, que quedaron tan impresionados, que se convirtieron todos al cristianismo. Denunció ante el emperador Majencio el mal trato dado a los cristianos. También se le atribuye a Catalina la conversión de la esposa del emperador y de 200 soldados de su guardia, a consecuencia de lo cual el emperador ordenó la ejecución de todos.

Catalina es patrona de los estudiantes. Aunque no se habla frecuentemente de la obligación cristiana del estudio, el estudio asiduo y la búsqueda de la verdad es parte de la llamada de los cristianos a la santidad. Hablando de la verdad de la existencia de Dios mostrada en la creación, dice el *Catecismo*: "la existencia de Dios Creador puede ser conocida con certeza por sus obras gracias a la luz de la razón humana, aunque este conocimiento es con frecuencia oscurecido y desfigurado por el error" (no. 286).

30 DE NOVIEMBRE
San Andrés, Apóstol
Fiesta

Fue primero discípulo de Juan Bautista y más tarde siguió a Cristo a quien presentó a su hermano Pedro. Aparece en varias escenas del Evangelio, notablemente en la multiplicación de los panes, en los que avisa a Jesús que un muchacho tiene unos cuantos panes y peces. Según la tradición, después de Pentecostés, predicó el Evangelio en varias regiones y fue crucificado en Acaya, en el año 60.

La Iglesia de todos los tiempos ha recibido el depósito sagrado de la fe en la Sagrada Escritura y la Tradición, entregado por los Apóstoles. El *Catecismo* dice: "La fe de los fieles es la fe de la Iglesia recibida de los apóstoles, tesoro de vida que se enriquece cuando se comparte" (no. 949).

CUARTO JUEVES DE NOVIEMBRE
Día de Acción de Gracias [USA]

El Día de Acción de Gracias es una fiesta nacional de enorme importancia en los Estados Unidos, ya que es celebrada por todas las confesiones religiosas y es, además, probablemente uno de los días más familiares del año. En el Día de Acción de Gracias, muchas familias se reúnen para celebrar. Se discute sobre si el primer día de Acción de Gracias fue en Nueva Inglaterra o en Virginia, pero en realidad la esencia es que los padres de la patria reservaron un tiempo para un agradecimiento reverente.

Aunque en los orígenes de la fiesta estuviera el dar gracias por la cosecha, el centro de la celebración es el agradecimiento a Dios por todos sus beneficios durante el año. El agradecimiento es, más que un sentimiento agradable o bondadoso, una obligación para con Dios, el autor de todo bien. Es, además, la señal de un corazón humilde, que sabe que todo lo ha recibido gratuitamente de Dios.

DICIEMBRE

San Francisco Javier, presbítero (1506–1552)
Memoria obligatoria

Francisco nació en el castillo de Javier, en el norte de España. Estudió en París y allí conoció a Ignacio de Loyola y, con él, fue uno de los fundadores de la Compañía de Jesús (conocidos como Jesuitas). Los primeros jesuitas habían hecho voto de ir a Tierra Santa, pero había un bloqueo político, y Francisco Javier fue a Roma, donde se puso a disposición del Papa para trabajar en misiones extranjeras. Fue destinado a India y allí trabajó en Goa y Malaca. Muchos católicos del sur de India aún hoy lo consideran su mayor evangelizador e inspirador en la vida de fe. Más tarde partió hacia el lejano Oriente, donde aspiraba a evangelizar China. En la isla Shangchuan, que era lugar de encuentro de comerciantes chinos y portugueses, frente a la costa de China, cayó enfermo y murió. Trabajador incansable por la evangelización, bautizó a más de 30,000 personas. Con Santa Teresa del Niño Jesús, es patrón universal de las misiones.

Nos ha dejado su celo y entusiasmo por la salvación del mundo, sin poner obstáculos a acudir donde Dios le llamara, motivado por una fuerte amistad con Cristo, y con una gran sensibilidad a quienes escuchaban su predicación. Como dice el *Catecismo*: "Los que son llamados al ministerio de la predicación deben… acomodar sus palabras al espíritu y la inteligencia de sus oyentes" (no. 24).

San Juan Damasceno, presbítero y doctor de la Iglesia (675–749?)
Memoria opcional

Nacido en Damasco de familia árabe cristiana, Juan fue educado por un monje italiano. Sirvió un tiempo como ministro de economía del califa musulmán, y luego renunció a su cargo, fue a Jerusalén e ingresó en un monasterio bizantino. Ordenado sacerdote, se dedicó a escribir y al estudio. Era poeta y teólogo. Escribió *De fide orthodoxa* (que en español se conoce como *La Fuente del Conocimiento*) afirmando las verdades de la fe y pronunciándose contra los iconoclastas, que estaban contra el uso de las imágenes sagradas.

Juan deja el testimonio de una profunda fe en la presencia real en la Eucaristía. El *Catecismo* cita su obra: "Preguntas cómo el pan se convierte en el Cuerpo de Cristo y el vino… en Sangre de Cristo. Te respondo: el Espíritu Santo irrumpe y realiza aquello que sobrepasa toda palabra y todo pensamiento" (no. 1106)*.

San Nicolás, obispo (†350?)
Memoria opcional

Nacido en Myra, Turquía, Nicolás dejó todas sus posesiones y entró en un monasterio, donde más tarde fue abad, y luego obispo de Bari, en Italia. No se sabe mucho de él, pero sí se

---

* San Juan Damasceno, *De fide orthodoxa*, 4, 13; PG, 94, 1142A.

conoce el hecho de que fue uno de los firmantes que defendieron la divinidad de Cristo en el Concilio de Nicea (325). Fue encarcelado y torturado en una persecución contra los cristianos. El folklore popular de Alemania lo convirtió en Santa Claus y existen muchas leyendas sobre cómo ayudaba a los pobres secretamente, a veces dejando caer regalos por la chimenea.

San Nicolás es una figura bondadosa, que inspira caridad, amabilidad y generosidad para con los demás. Es particularmente amado de los niños, por la asociación con los regalos navideños. Incluso así, el *Catecismo*, citando al Papa san Juan Pablo II, recuerda a los padres que: "Han de enseñar a los hijos a subordinar las dimensiones 'materiales e instintivas a las interiores y espirituales'" (no. 2223)*.

7 DE DICIEMBRE
San Ambrosio, obispo y doctor de la Iglesia (339–397)
Memoria obligatoria

La familia de Ambrosio era cristiana de Roma, y vivían en la Galia (hoy Francia), donde su padre era oficial. Cuando su padre murió, Ambrosio regresó a Roma. Era abogado y fue nombrado cónsul en Milán. Fue nombrado obispo por aclamación popular, aunque todavía era catecúmeno. Después de su bautizo, recibió formación y fue ordenado sacerdote y más tarde obispo. Fue director espiritual y bautizó a san Agustín, comentador del Antiguo Testamento y, en sus escritos, defensor del voto de virginidad.

---

* Juan Pablo II, enc. *Centesimus annus*, 36.

El *Catecismo* cita sus escritos repetidas veces, comentando diversos temas teológicos, sacramentales y bíblicos. Como resumen de la fe, se nos ofrece esta cita sobre el Credo: "Este símbolo es el sello espiritual… es la meditación de nuestro corazón y el guardián siempre presente, es, con toda certeza, el tesoro de nuestra alma" (no. 197)*.

8 DE DICIEMBRE
Inmaculada Concepción de la Bienaventurada Virgen María
Solemnidad

Aunque no se declaró dogma de fe hasta 1854, la creencia en que María fue concebida sin mancha de pecado original data de muy antiguo. Innumerables teólogos y padres de la Iglesia defendieron esta fe, y son sobre todo conocidos los argumentos del teólogo medieval Duns Scotus, con su demostración de la voluntad y omnipotencia de Dios que quiso y pudo hacer a su madre inmaculada desde el momento de su concepción. La fiesta se celebra desde el s. VIII y se extendió mucho en el s. XVIII. En 1885 se convirtió en día de obligación. El Papa Pío IX declaró el dogma en su bula *Ineffabilis Deus*, que cita el *Catecismo*: "La bienaventurada Virgen María fue preservada inmune de toda mancha de pecado original en el primer instante de su concepción por singular gracia y privilegio de Dios omnipotente" (no. 491)**. La Bienaventurada Virgen María, bajo este título, es la patrona de los Estados Unidos.

---

* San Ambrosio, *Explanatio Symboli*, 1: Pl 17, 1155C.
** Pío IX, Bula *Ineffabilis Deus*: DS, 2803.

9 DE DICIEMBRE
San Juan Diego (1474–1548)
Memoria opcional

Juan Diego era un humilde campesino, tejedor y trabajador asalariado cerca de lo que es hoy la ciudad de México. Acudía a Misa diariamente. Un día, en el año 1531, mientras caminaba, escuchó música y la voz de una mujer que lo llamaba. La hermosa desconocida le aseguró que era la "Madre del verdadero Dios por quien vivimos" y le pidió que construyera una iglesia en su honor. En un principio, Diego se sentía incapaz de realizar el deseo de la Señora; acudió varias veces al obispado, a explicar la petición y, cuando se dio cuenta de que iba a ser muy difícil, intentó evitar encontrarse con la Virgen, pero ella salió a su encuentro de nuevo. Diego le pidió una señal para poder convencer al obispo de la verdad de sus palabras y ella le dio rosas, que milagrosamente habían florecido en diciembre. Cuando Diego llegó a hablar con el obispo, al abrir su tilma (manto), aparecieron, no sólo las rosas, sino la imagen de Nuestra Señora impresa en el lienzo. Quizá nada haya tenido más influencia en la formación de la identidad nacional del pueblo mexicano como este evento que muestra tan claramente la identificación de María con el pueblo y la demostración del amor de Dios por todos.

El mensaje más tierno y más importante de estas apariciones a Juan Diego es el cuidado maternal de la madre por sus hijos, que se expresa en la pregunta que le hace María a Juan para disipar sus temores: "¿No estoy yo aquí, que soy tu madre?"

11 DE DICIEMBRE
San Dámaso I, Papa (305?–384)
Memoria opcional

Hijo de un oficial de origen español, Dámaso fue elegido Papa por el clero y, como Papa, fue el primero que utilizó el término Sede Apostólica, refiriéndose a la autoridad del obispo de Roma. Vivió en un tiempo muy turbulento, con grandes tensiones en la Iglesia entre Oriente y Occidente. También había un antipapa que trataba de minar su autoridad y el propio Dámaso fue falsamente acusado de escándalos. Fue defensor de la recta doctrina contra diversas herejías. Determinó que el lenguaje de la liturgia (con excepción del *Kyrie*) fuera el latín en lugar del griego, y promovió la devoción a los mártires.

Su trabajo incansable por la Iglesia nos anima a todos a un amor de hijos a la Iglesia, y una fidelidad inquebrantable. Este lazo de amor y fidelidad es lo que celebramos en la liturgia, como dice el *Catecismo*: "Es toda la comunidad, el Cuerpo de Cristo unido a su Cabeza quien celebra" (no. 1140).

12 DE DICIEMBRE
Bienaventurada Virgen María de Guadalupe
Fiesta [USA]

Para millones de personas de todo el mundo, la figura de Nuestra Señora de Guadalupe contiene enormes significados, inspiración y ayuda para sus vidas. Patrona de las Américas y principio de la evangelización en México, Guadalupe es un signo de la protección de Dios a todos sus hijos. Además, la figura embarazada de María es signo y aliento para todos los esfuerzos de protección de la vida. La imagen que quedó plasmada en la tilma de Juan Diego recoge muchos de los elementos de la descripción de la Mujer en el Apocalipsis, y es por tanto signo de esperanza del Reino. El rostro de rasgos indígenas, así como algunos otros elementos de la cultura azteca, como las flores y el canto de los pájaros, para muchos es un reconocimiento de la cercanía de Dios a su pueblo, en la diversidad de razas y culturas.

Como ella misma se identifica como "Madre del Dios verdadero, por quien vivimos", refleja lo que dice el *Catecismo* sobre su maternidad: "El Concilio de Éfeso proclamó en el año 431 que María llegó a ser con toda verdad Madre de Dios mediante la concepción humana del Hijo de Dios en su seno" (no. 466).

13 DE DICIEMBRE
Santa Lucía, virgen y mártir
Memoria obligatoria

Nombrada en el Martirologio de san Jerónimo (siglo VI), Lucía fue una mártir romana durante la persecución de Diocleciano. La devoción a ella se registra desde el siglo IV o principios del V. Según la leyenda, su madre había reservado su dote y ella le pidió que se la diera a los pobres, y ella se mantendría virgen. Esto enfureció a su prometido, quien la entregó a los jueces. A Lucía se la suele representar como ciega, quizá como expresando que ella misma era luz sin necesidad de ojos materiales, o como dice alguna leyenda, como parte de su martirio. Es nombrada en el Canon Romano.

Lo que sí es cierto es que Lucía vio más allá de las cosas materiales, a una realidad eterna e incambiable y dio su vida física por ella, con, como dice el *Catecismo*, "una libertad mayor de corazón, de cuerpo y de espíritu… aprobada por la Iglesia de vivir… en estado de virginidad" (no. 922).

14 DE DICIEMBRE
San Juan de la Cruz, presbítero y doctor de la Iglesia (1542–1591)
Memoria obligatoria

Su padre había sido desheredado por casarse con su madre, y la familia quedó en la pobreza. Cuando Juan sólo tenía un año, murió su padre y la madre tuvo que luchar para sacar adelante a la familia. Juan estudió con los jesuitas y fue aprendiz en varios oficios, terminando como enfermero. Ingresó más tarde en la Orden del Carmelo y conoció a santa Teresa de Jesús, quien lo animó a emprender la reforma de la orden en la rama masculina, como ella lo estaba haciendo en la femenina. En sus esfuerzos, Juan sufrió muchas persecuciones y dolores, tanto de fuera como de dentro de la orden. Está considerado el mejor poeta en lengua castellana; escribió importantes obras espirituales como *Subida al Monte Carmelo*, *Noche Oscura del Alma*, el *Cántico Espiritual*, y *Llama de Amor Viva*.

Su espiritualidad de total desprendimiento, no sólo de las cosas materiales, sino de la propia persona, del reconocimiento, prestigio o deseos es a veces difícil de entender.

Y, sin embargo, a través de todos sus escritos y su vida se transmite lucidísima su pasión por la persona de Cristo. El *Catecismo* lo cita hablando de la Encarnación: "Porque en darnos, como nos dio, a su Hijo, que es una Palabra suya, que no tiene otra, todo nos lo habló junto y de una vez en esta sola Palabra y no tiene más que hablar" (no. 65)*.

21 DE DICIEMBRE
San Pedro Canisio, presbítero y doctor de la Iglesia (1521–1597)
Memoria opcional

Nació en los Países Bajos y estudió en Alemania y Bélgica, donde se unió a los Jesuitas. Ordenado sacerdote, publicó tratados de los Padres de la Iglesia y dio clases de retórica. Fue nombrado teólogo del cardenal de Ausburgo para el Concilio de Trento. Algo más tarde fue nombrado provincial jesuita en Alemania, Bohemia y Austria, y fundó varios colegios jesuitas.

Durante toda su vida puso su conocimiento y energías al servicio de la renovación de la vida católica y la profundización en la fe. Es famoso por sus catecismos, compendios de la doctrina cristiana, que tuvieron cientos de ediciones en muchos idiomas y han tenido una enorme influencia en la formación de cristianos de muchos siglos.

El plan del actual *Catecismo* de la Iglesia Católica está inspirado en la gran tradición de los catecismos, que se apoyan en cuatro pilares: Credo, sacramentos, vida de fe,

---

* San Juan de la Cruz, *Subida al Monte Carmelo*, 2,22, 3-5: *Biblioteca Mística Carmelitana*, v. 11 (Burgos 1929), p. 184.

y oración. Pedro Canisio, del mismo modo, se esforzó por hacer la fe comprensible a diversas audiencias.

23 DE DICIEMBRE
San Juan de Kety, presbítero (1390–1473)
Memoria opcional

Nacido en Cracovia, Polonia, este hombre brillante ingresó joven en el seminario y obtuvo un doctorado en filosofía. Fue ordenado sacerdote, y fue profesor de una escuela conventual y más tarde en la Universidad de Cracovia, donde llegó a ser el decano de la facultad. Transcribió innumerables tratados teológicos y se distinguió por su fidelidad a la doctrina. Se dice que despertó algunas envidias, y fue enviado a una parroquia remota. Juan era un hombre humilde e intentó hacer lo mejor en la parroquia, pero parece que al principio no convenció a sus feligreses, hasta que, poco a poco, con su bondad y su caridad para con los pobres, se fue ganando su corazón. Regresó luego a Cracovia donde continuó su enseñanza. En todo momento trató a sus adversarios con bondad y no cedió a las agresiones, sino que respondió con paz.

Un hombre de una gran afabilidad y buen humor, Juan nos da el ejemplo de mansedumbre y paciencia en todos los momentos de la vida. Se podría decir que vivió en el Espíritu y estuvo lleno de sus dones, de los que nos dice el *Catecismo*: "Completan y llevan a su perfección las virtudes de quienes los reciben. Hacen a los fieles dóciles para obedecer con prontitud a las inspiraciones divinas" (no. 1831).

26 DE DICIEMBRE
San Esteban, protomártir
Fiesta

La fiesta se ha venido celebrando desde el s. V. Parece apropiado que, al día siguiente de la celebración del nacimiento del Salvador, se celebre al primer testigo que dio su sangre por Cristo. Esteban era diácono de la primitiva Iglesia, y su función era ser administrador de los dones para los pobres. Hechos de los Apóstoles nos relata que destacaba por su sabiduría y que obraba grandes signos entre el pueblo. También en Hechos se nos da cuenta de su martirio, la presencia de Pablo en ese momento y de cómo demostró una de las marcas distintivas de los mártires: el orar por los enemigos.

Como nos dice el *Catecismo*: "La oración de intercesión consiste en una petición a favor de otros. No conoce fronteras y se extiende hasta los enemigos" (no. 2647).

27 DE DICIEMBRE
San Juan, Apóstol y Evangelista
Fiesta

Juan, el hijo del Zebedeo, había sido discípulo de Juan Bautista y, con Andrés, siguió a Cristo y se convirtió en el amado discípulo del Señor. Después de Pentecostés, predicó en Samaria. Estuvo exiliado en la isla de Patmos y escribió su Evangelio, tres cartas y el Libro del Apocalipsis. Se piensa que vivió una larga vida y fue el único Apóstol que no murió mártir. Su Evangelio es el más teológico de los cuatro y a través de todos sus escritos hay una predicación constante sobre el amor a Dios y de unos a otros. El comienzo de su Evangelio ("En el principio era el Verbo") y el final del Apocalipsis ("Amén") son como el prólogo y epílogo de una única obra donde está contenida toda la enseñanza y la fe cristianas.

28 DE DICIEMBRE
Santos Inocentes, mártires
Fiesta

Esta fiesta se basa en el relato del Evangelio de Mateo, 2:13-18. Son las primeras víctimas por la causa de Cristo ya que murieron en su lugar como consecuencia de la cobardía, ambición y violencia de Herodes que temía ser suplantado en el trono. El primer testimonio de la fiesta data del s. V.

Hoy día, aún mueren muchos niños inocentes que sufren abuso y maltrato y miles no llegan a ver la luz por el horror del aborto. El *Catecismo* comenta el episodio de la muerte de los inocentes diciendo: "manifiestan la oposición de las tinieblas a la luz. Toda la vida de Cristo estará bajo el signo de la persecución" (no. 530).

29 DE DICIEMBRE
Santo Tomás Becket,
obispo y mártir (1118–1170)
Memoria opcional

Era canciller de Inglaterra y arzobispo de Canterbury. Defendió ardientemente los derechos de propiedad de la

Iglesia frente al rey Enrique II. Algunos obispos querían mantenerse en buena relación con el rey por razones políticas y no apoyaron a Tomás, que fue desterrado a Francia durante seis años. A su regreso, volvió a enfrentar al rey y éste ordenó su asesinato mientras estaba celebrando en la catedral. Su muerte dio fruto, sin embargo, ya que Enrique se arrepintió y se reconcilió con la Iglesia y con los países vecinos con quienes había entrado en conflicto. Su tumba pronto se convirtió en uno de los lugares de peregrinación más populares de la Edad Media.

Puede parecer mejor no enfrentarse y protegerse a uno mismo. Tomás Becket, sin embargo, no antepuso su propio bienestar y seguridad al bien de la Iglesia. Es un ejemplo de valentía en defender el derecho aun a riesgo propio. Como dice el *Catecismo*: "El ciudadano está obligado en conciencia a no seguir las prescripciones de las autoridades civiles cuando son contrarias a las exigencias del orden moral" (no. 2256).

31 DE DICIEMBRE
San Silvestre I, Papa (†335)
Memoria opcional

Se conoce poco de Silvestre, excepto que nació en Roma y sucedió como obispo de Roma a san Melquíades, un año antes de la promulgación del Edicto de Roma que dictaba la libertad religiosa de los cristianos. Fue elegido Papa en 314 y su pontificado transcurrió en la primera parte del s. IV, en un tiempo de gran discordia. Pero durante su gobierno se conoció un tiempo de gran expansión de la Iglesia. El acontecimiento más importante de su reinado fue el Concilio de Nicea, que condenó las enseñanzas de Arriano y redactó el Credo de Nicea. Con ayuda del emperador, Silvestre también construyó varias basílicas en Roma. Escribió reglamentos para la ordenación los sacerdotes y para la administración de los sacramentos. También escribió reglas sobre las prácticas católicas del ayuno. Es el primer Papa que no murió mártir y su fiesta se empezó a celebrar desde 354.

No se sabe mucho sobre su personalidad, pero podemos profundizar en el mensaje sobre el ayuno, del que nos habla el *Catecismo* en relación con la nueva ley, o ley evangélica: "La Ley nueva practica los actos de la religión: la limosna, la oración y el ayuno, ordenándolos al 'Padre que ve en lo secreto', por oposición al deseo de 'ser visto por los hombres'" (no. 1969)*.

---

* Cf. Mt 6:1-6; 16-18.

Índice de santos

Índice

Índice

Índice

Índice

Índice

Índice de citas del Catecismo

Índice

Índice